Fachkräftemangel im Pflegesektor

Die Leuphana Case Studies sind ein Projekt, das in Zusammenarbeit mit kleinen und mittelständischen Unternehmen erstellt und entwickelt worden ist. Sie sind ein Lehrbuch, mit dessen Hilfe Unternehmen, die vor ähnlichen Herausforderungen stehen, selbige bewältigen können. Dafür ist keine Hilfe von Dritten notwendig. Auf Grundlage der einzelnen Case Studies werden den Bearbeiterinnen und Bearbeitern elementare Werkzeuge aus der wissenschaftlichen Theorie erklärt. Diese können sie anwenden, um mit den Insiderkenntnissen des eigenen Unternehmens Prozesse zu optimieren, Ziele entwickeln und erreichen oder schwierige Herausforderungen zu bewältigen.

Weitere Bände in dieser Reihe
http://www.springer.com/series/15432
Massonne, Veranstaltungsmanagement - 978-3-662-54003-9
Klöppner et al., Fachkräftemangel im Pflegesektor - 978-3-662-54013-8
Melles, Produkteinführung - 978-3-662-54001-5
Deharde, Produktionsentscheidung - 978-3-662-53997-2
Sikkenga, Shitstorm-Prävention - 978-3-662-54015-2
Göse, Sozialunternehmen - 978-3-662-54007-7
van Hueth et al., Sozialwirtschaft - 978-3-662-54005-3
Giese, Großprojektmanagement - 978-3-662-54011-4
Göse/Reihlen, Gründung einer Unternehmensberatung - 978-3-662-54009-1

Matthias Klöppner · Max Kuchenbuch ·
Lutz Schumacher

Fachkräftemangel im Pflegesektor

Matthias Klöppner
Case Studies
Leuphana Universität Lüneburg
Lüneburg
Deutschland

Lutz Schumacher
Case Studies
Leuphana Universität Lüneburg
Lüneburg
Deutschland

Max Kuchenbuch
Case Studies
Leuphana Universität Lüneburg
Lüneburg
Deutschland

ISBN 978-3-662-54013-8   ISBN 978-3-662-54014-5   (eBook)
DOI 10.1007/978-3-662-54014-5

Die Deutsche Nationalbibliothek verzeichnet diese Publikation in der Deutschen Nationalbibliografie; detaillierte bibliografische Daten sind im Internet über http://dnb.d-nb.de abrufbar.

Springer Gabler
© Springer-Verlag GmbH Deutschland 2017
Das Werk einschließlich aller seiner Teile ist urheberrechtlich geschützt. Jede Verwertung, die nicht ausdrücklich vom Urheberrechtsgesetz zugelassen ist, bedarf der vorherigen Zustimmung des Verlags. Das gilt insbesondere für Vervielfältigungen, Bearbeitungen, Übersetzungen, Mikroverfilmungen und die Einspeicherung und Verarbeitung in elektronischen Systemen.
Die Wiedergabe von Gebrauchsnamen, Handelsnamen, Warenbezeichnungen usw. in diesem Werk berechtigt auch ohne besondere Kennzeichnung nicht zu der Annahme, dass solche Namen im Sinne der Warenzeichen- und Markenschutz-Gesetzgebung als frei zu betrachten wären und daher von jedermann benutzt werden dürften.
Der Verlag, die Autoren und die Herausgeber gehen davon aus, dass die Angaben und Informationen in diesem Werk zum Zeitpunkt der Veröffentlichung vollständig und korrekt sind. Weder der Verlag, noch die Autoren oder die Herausgeber übernehmen, ausdrücklich oder implizit, Gewähr für den Inhalt des Werkes, etwaige Fehler oder Äußerungen. Der Verlag bleibt im Hinblick auf geografische Zuordnungen und Gebietsbezeichnungen in veröffentlichten Karten und Institutionsadressen neutral.

Gedruckt auf säurefreiem und chlorfrei gebleichtem Papier

Springer Gabler ist Teil von Springer Nature
Die eingetragene Gesellschaft ist Springer-Verlag GmbH Deutschland
Die Anschrift der Gesellschaft ist: Heidelberger Platz 3, 14197 Berlin, Germany

Vorwort des Herausgebers

Im Rahmen des Regionalentwicklungsprojekts Innovations-Inkubator Lüneburg wurden der Leuphana Universität im Zeitraum 2009 bis 2015 Mittel der Europäischen Union und des Landes Niedersachsen zur intensiven Förderung der Wirtschaft durch Transfer von Wissen aus der Forschung in die Unternehmen des aus elf Landkreisen bestehenden ehemaligen Regierungsbezirks Lüneburg bereitgestellt. Eine der insgesamt 47 in dem EU-Großprojekt durchgeführten Maßnahmen war die Erarbeitung der Leuphana Case Studies.

Gemeinsam mit Kooperationspartnern aus dem Konvergenzgebiet wurden zwölf Case Studies zu spezifischen Herausforderungen der Region erarbeitet. Die Themenfelder sind dabei sehr unterschiedlich und reichen von Fragen des Nachhaltigkeitsmanagements, über das Veranstaltungs- und Kulturmanagement im ländlichen Raum, bis hin zu Fragen der Vernetzung von kleinen und mittelständischen Unternehmen.

Dabei wurde das Konzept der wissenschaftlichen Methode Case Study mit den Leuphana Case Studies weiterentwickelt. Diese bestehen nicht nur aus einem mehrseitigen Fallstudientext, der dann von Studierenden bearbeitet wird. Die Leuphana Case Studies beinhalten ein didaktisches Konzept, mit dem den Bearbeiterinnen und Bearbeitern der Case Studies die Werkzeuge zur Lösung ihrer Herausforderungen vermittelt werden. So können die Case Studies von Unternehmen in vergleichbaren Situationen eingesetzt werden. Mit Hilfe des didaktischen Konzepts der Case Studies kann aus dem Wissensschatz der Mitarbeiterinnen und Mitarbeiter eines Unternehmens eine Lösung für die eigenen Herausforderungen erarbeitet werden.

Die Leuphana Case Studies sind in Zusammenarbeit mit den weiterbildenden Studiengängen der Leuphana Professional School entstanden. So wurden die didaktischen Konzepte bereits in der Praxis erprobt und darauf aufbauend weiter verfeinert. Die vorliegende Case Study spiegelt in weiten Teilen reale

Entwicklungsprozesse wider. An einigen Stellen wurden die Darstellungen didaktisch überarbeitet.

Wir wünschen Ihnen viel Erfolg und Spaß bei der Bearbeitung der vorliegenden Case Study. Wir sind uns sicher, dass Sie Werkzeuge und Fähigkeiten erlernen werden, die Ihnen bei Ihrer täglichen Arbeit und bei der Bewältigung der Herausforderungen dort helfen werden.

Christoph Kleineberg

Vorwort der Autoren

Ein Unternehmen aus der Pflegebranche steht vor der Herausforderung, Fachkräfte zu finden. Diese Situation simuliert die Case Study und präsentiert die notwendigen Werkzeuge, um das Berufsfeld auf mehreren Ebenen attraktiver zu machen. Dies beinhaltet sowohl die Verbesserung der Attraktivität des Berufsfelds, des Unternehmens und die Unterstützung und Weiterentwicklung des bestehenden Personalstamms. So werden umfassend die wichtigen Themen und Herausforderungen des Personalwesens im Pflegesektor dargestellt, diskutiert und Lösungsstrategien entwickelt.

Matthias Klöppner, Prof. Dr. Lutz Schumacher,
Max Kuchenbuch

Inhaltsverzeichnis

1 Einleitung 1

2 Falldarstellung 3
   2.1   Die aktuelle Lage 3
   2.2   Der Sonnenhof 4
   2.3   Arbeit und Alltag im Sonnenhof 5
   2.4   Frau Menkel sucht nach Unterstützung 7
   2.5   Die Arbeitsgruppe 8
   2.6   Besuch im Sonnenhof 9
   2.7   Blick in die Zukunft 13

3 Fallzusammenfassung für Dozierende 15
   3.1   Inhalt der Case Study 15
   3.2   Besonderheit der Case Study: die Verbindung verschiedener Ebenen 16
       3.2.1   Makro-Ebene 16
       3.2.2   Mikro-Ebene 17
       3.2.3   Leitfragen und zentrale Themen 18
   3.3   Lernziel 19
   3.4   Zielgruppen 20
   3.5   Demographischer Wandel 20
       3.5.1   Demografie und der Fachkräftemangel: Diskussion 22
   3.6   Berufsfeld Altenpfleger 24
       3.6.1   Fluktuation am Arbeitsmarkt 25

4 Lehrplan/Lehrstrategie 27
   4.1   Arbeitsmaterialien 27
       4.1.1   Case-Study-Text 27
       4.1.2   Werkzeuge 28

	4.2	Lehrstrategie	28
		4.2.1 Lehrplan in Phasen und als Werkzeugkasten	29
		4.2.2 Zeitlicher Umfang	31

5 Werkzeuge 37
   5.1 Alternative Möglichkeiten der Rekrutierung bzw.
       Personalgewinnung 37
   5.2 Senkung des Fachkräftebedarfs 38
   5.3 Was zeichnet einen attraktiven Arbeitgeber aus? 39
   5.4 Analyse des Falls 41
       5.4.1 Das Problem 41
       5.4.2 Bisherige Bemühungen 41
   5.5 Merkmale attraktiver Arbeitgeber 42
       5.5.1 Unattraktive Eigenschaften des Sonnenhofs 42

6 Anhang 45

Glossar 49

Literaturverzeichnis 55

Abbildungsverzeichnis

Abb. 3.1 Verbindung verschiedener Ebenen 16
Abb. 4.1 Arbeitszirkel der Case Study 29
Abb. 5.1 Betriebliche Strategien 38
Abb. 6.1 Stellenanzeige „Examinierte Pflegekräfte". 46

Tabellenverzeichnis

Tab. 3.1	Bevölkerung Deutschland (in 1.000) mit erhöhtem Krankheits- und Pflegerisiko von 2009 bis 2050. Quelle: Statistisches Bundesamt 2010, S. 6.	21
Tab. 3.2	Prognose zur Anzahl der Pflegebedürftigen (in Mio.) in Deutschland bis 2030 Quelle: Statistisches Bundesamt 2012a	21
Tab. 4.1	Schema des Lehrplans	30
Tab. 4.2	Phase I.	30
Tab. 4.3	Phase II	31
Tab. 4.4	Phase III.	32
Tab. 4.5	Phase IV.	32
Tab. 4.6	Phase V	33
Tab. 4.7	Phase VI.	33
Tab. 4.8	Phase VII	34
Tab. 4.9	Phase VIII.	34
Tab. 4.10	Vorgeschlagener Lehrplan für verschiedene Unterrichtsformate	35
Tab. 5.1	Das Problem	41
Tab. 5.2	Bisherige Bemühungen.	42
Tab. 5.3	Unattraktive Eigenschaften des Sonnenhofs	42

Abkürzungsverzeichnis

BA   Bundesagentur für Arbeit
BFD   Bundesfreiwilligendienst
BMG   Bundesministerium für Gesundheit
BMJ   Bundesministerium der Justiz
BPD   Bundeszentrale für politische Bildung
IAB   Institut für Arbeitsmarkt- und Berufsforschung
MDS   Medizinischer Dienst der Krankenkassen
MINT   Mathematik, Informatik, Naturwissenschaften und Technik

Einleitung

Der Arbeitsmarkt für Pflegeberufe steht vor tiefgreifenden Veränderungen: Der Bedarf von qualifizierten Fachkräften nimmt weiter zu, gleichzeitig entscheiden sich zu wenige Menschen für die Arbeit in der Altenpflege oder verlassen den Beruf oftmals frühzeitig. Das heißt: Der Wettbewerb um gut qualifizierte und engagierte Pflegefachkräfte, der sog. „War for Talents", wird weiter zunehmen.

Durch seit Jahren niedrige Geburtenraten, bei gleichzeitig steigender Lebenserwartung, werden zukünftig relativ und absolut mehr ältere Menschen in Deutschland leben. Hinzu kommen gesellschaftliche Veränderungen wie der Trend zu Einpersonenhaushalten, eine verstärkte Frauenerwerbstätigkeit, hohe Akademikerquoten und andere Einflussfaktoren wie Probleme in der Berufsausbildung sowie ein schlechtes Image des Berufs Altenpfleger.

Gleichzeitig kann der momentane und zukünftige Bedarf an Fachkräften mit bisherigen Mitteln nicht gedeckt werden. Zu wenige Neugeborene, hohe Akademikerquoten und andere Einflussfaktoren wie Probleme in der Berufsausbildung und ein schlechtes Image des Berufs Altenpfleger lassen das Angebot an qualifizierten Fachkräften schwinden. Gutes Personal ist knapp; bereits heute zeigt sich ein flächendeckender Fachkräftemangel in der Altenpflege, der wahrscheinlich noch zunehmen wird, sollten nicht schnellstmöglich neue Gegenmaßnahmen gefunden werden.

Als Konsequenz können viele Pflegeeinrichtungen die gesetzliche Quote für Fachkräfte bereits heute nicht mehr einhalten. Da bisher noch kein Trendwechsel erkennbar ist, kann sich dieses Problem in Zukunft noch verschärfen.

Was ist zu tun, um dieser Entwicklung zu begegnen? Neben politischen, sind hier vor allem solche Maßnahmen geeignet, die auf betrieblicher Ebene ihre unmittelbare Wirkung entfalten. Dies kann am besten erreicht werden durch den erfolgreichen Aufbau und die wirksame Kommunikation des Bildes eines attraktiven Arbeitgebers. Denn die Fachkräfte wissen um ihren Wert und den mittlerweile herrschenden Fachkräftemangel in der Altenpflege. Viele Fachkräfte haben verstanden, dass sie sehr begehrt sind und sich ihren Arbeitgeber aussuchen können. Deshalb müssen sich Pflegeeinrichtungen zu attraktiven Arbeitgeber entwickeln, um gute Fachkräfte langfristig zu gewinnen.

Aus diesem Grund wurde die Case Study „Wer pflegt uns in Zukunft?" im Rahmen des Innovationsinkubators an der Leuphana Professional School entwickelt. Der Innovationsinkubator Lüneburg ist ein europaweit einmaliges EU-Großprojekt zur Förderung der regionalen Wirtschaftsentwicklung besonders von kleinen und mittelständischen Unternehmen.

Die Studie beschreibt eine komplexe, reale Situation: Maria Menkel, die Leiterin eines Pflegeheims, muss schnellstmöglich dringend benötigte Fachkräfte einstellen. Ihr bisheriges Personalmanagement führt nicht zum Erfolg – das Gegenteil ist der Fall. Sie muss erkennen, dass ihre Einrichtung für Fachkräfte als Arbeitgeber nicht attraktiv ist. Es zeigt sich, dass verschiedene Strategien und Ansichten darüber existieren, was gute und sinnvolle Maßnahmen gegen den (drohenden) Fachkräftemangel sein können.

Um als attraktiver Arbeitgeber wahrgenommen zu werden, müssen sich Unternehmen als Arbeitgebermarke definieren und präsentieren. Dazu werden vorhandene Stärken und Defizite am Beispielunternehmen identifiziert. Daran schließen sich Maßnahmen an, die Defizite zu beseitigen und die Stärken argumentativ für den Arbeitgeber zu nutzen. Dazu soll die vorliegende Fallstudie einen Einstieg bieten und die Arbeit am eigenen Image als attraktiver Arbeitgeber eröffnen. Die Fallstudie dient als Basis für die Bearbeitung der Leitfragen: Was sind Merkmale attraktiver Arbeitgeber? Welche Maßnahmen zur Gewinnung und Bindung von Fachkräften können ergriffen werden? Damit stehen bei dieser Problemlösungsfallstudie die Erarbeitung und Anwendung von Strategien zur Personalrekrutierung und -bindung im Vordergrund. Zudem geht die Fallstudie auf gesellschaftlich wichtige Aspekte wie den demographischen Wandel ein. Die Zielgruppe umfasst alle Personen, die aktuell oder zukünftig von einem Fachkräftemangel betroffen sind bzw. die heute schon lernen wollen, wie sie morgen gegen den Fachkräftemangel gewappnet sind.

Falldarstellung

2.1 Die aktuelle Lage

Mittwoch, 27. September, kurz nach 6 Uhr Maria Menkel schlägt am Frühstückstisch die Lokalzeitung auf und liest auf der Titelseite einen Artikel über den Pflegenotstand im Landkreis. Der Artikel handelt von einer übersteigenden Zahl an Pflegebedürftigen gegenüber verfügbaren Pflegeplätzen. Es werden erste Probleme aufgezeigt, welche infolgedessen für die Pflegeeinrichtungen unmittelbar entstanden sind. Die Leiterin des Altenpflegeheims Sonnenhof findet in dem Artikel vieles aus ihrer eigenen Erfahrung wieder: Probleme gute Mitarbeiter zu halten, der hohe Andrang auf vorhandene Pflegeplätze und vor allem die Schwierigkeiten, qualifiziertes neues Personal zu finden. Anfang Juli besuchte sie die Heimaufsicht. Bei der Kontrolle der Betriebszahlen wurde festgestellt, dass sie die gesetzlich vorgeschriebene Quote von 50 % examinierten Altenpflegern nicht einhält. Jetzt hat Frau Menkel bis Ende des Jahres Zeit, den Fachkräftemangel in ihrer Einrichtung zu beheben. Andernfalls muss sie Pflegeplätze abbauen oder muss mit einem Bußgeld rechnen – schlimmstenfalls droht die Untersagung des Betriebes. Auf dem Weg zur Arbeit fragt sie sich, ob es in so kurzer Zeit möglich sei, die nötigen Fachkräfte zu finden und einzustellen. Nach der Kontrolle hatte sie noch am selben Tag drei Stellenanzeigen für ausgebildete Altenpfleger auf der hauseigenen Website und in der Heidepost ausgeschrieben[1]. Die Bilanz ist ernüchternd und ihr wird langsam klar, dass sie nur mit Stellenausschreibungen unmöglich ausreichend examinierte Altenpfleger einstellen kann. Daher überlegt sie, die momentan zwei freien Heimplätze solange nicht neu zu belegen, bis sie genug Fachkräfte gefunden hat und die gesetzlichen Anforderungen erfüllt. Aber: „Ich muss das Haus voll auslasten.

---

[1]Die Stellenanzeige finden sie im Anhang (Kap. 6, Abb. 6.1).

Ich brauche den Umsatz. Der Kredit für den Umbau ist noch lange nicht abgezahlt und die Lohnsumme für das Personal drückt ganz schön … " Weil sie außerdem die Zimmer schon zugesagt hat – in einer Woche sollen ein dementer 86-Jähriger und eine 41-jährige Wachkomapatientin einziehen – ist dies keine echte Option.

2.2 Der Sonnenhof

Die Heimleiterin: Maria Menkel Die 52-jährige Maria Menkel, verheiratet und Mutter einer Tochter, ist in die Altenpflege hineingewachsen und leitet den Sonnenhof: Nach ihrer kaufmännischen Ausbildung und der Elternzeit ließ sie sich zur examinierten Altenpflegerin umschulen. Von 1987 bis 1992 arbeitete sie als Altenpflegerin im elterlichen Pflegeheim. Anschließend sammelte sie neue Erfahrungen bei einem ambulanten Pflegedienst. Ende des Jahres 1998 erkrankte ihr Vater schwer, daher arbeitete sie ab 1999 zunächst als reguläre Pflegekraft in Vollzeit mit, wurde dann Heimträgerin und leitete ab 2003 die Station für Schwerstpflegebedürftige. Im Frühling 2004 entschied sie sich, die Einrichtung ihrer Eltern weiterzuführen und bildete sich zuerst zur Pflegedienstleitung und anschließend in einem Fernstudium zur Betriebswirtin der Seniorenwirtschaft aus.

Lage Der Sonnenhof liegt idyllisch in Wietingen, am nordwestlichen Rand der Lüneburger Heide im Landkreis Nordau. Der Ort ist gut über die Landesstraße 372, die durch Wietingen hindurch zur 18 km entfernten Autobahn 7 führt und über die im Spätsommer und Herbst die Traktoren und Erntefahrzeuge rollen, zu erreichen. Die nächste Bushaltestelle ist in ca. zehn Gehminuten erreichbar und wird zwischen 7 und 19 Uhr stündlich bedient. Der Sonnenhof, liegt in einer ruhigen Nebenstraße etwas abseits vom Ort.

Kleinere Gemeinden und Ortschaften prägen das Bild der dünn besiedelten Region, die nächsten größeren Städte liegen 60 bzw. 90 km entfernt. Die Region ist agrarwirtschaftlich entwickelt. Die größeren, alteingesessenen Landwirtschaftsbetriebe, eine Hochschule sowie viele kleine und mittelständische Unternehmen, prägen das Beschäftigungsbild. Die jüngsten technologischen und wirtschaftlichen Entwicklungen hatten nur wenig Einfluss auf die Wirtschaftsstruktur der Region, vor allem die Tourismusbranche verzeichnet messbare Zuwächse. Denn die Region biete vor allem eines: Ruhe.

Geschichte des Hauses Der große sonnendurchflutete Innenhof, der den ganzen Tag über direkte Sonneneinstrahlung verfügt, ist Namensgeber des Hauses. Das ehemalige Landhaus wurde von Elisabeth und Franz Menkel umgebaut und 1972 als Altenheim eröffnet. Mit Maria Menkel wird die Alten- und Pflegeeinrichtung als Familienunternehmen in zweiter Generation geführt. Eine ihrer ersten größeren Amtshandlungen war der Umbau des in die Jahre gekommenen Gebäudes. Das war notwendig, um den aktuell baurechtlichen Vorgaben, Bauschutzbestimmungen und neuesten Erkenntnissen der Pflegeforschung Rechnung zu tragen. Zudem wurden neue Pflegeplätze, durch den Umbau mit einem Erweiterungsbau, geschaffen.

Das Haus bietet seit dem Umbau im Jahre 2009 auf zwei Etagen und in zwei Wohnbereichen Platz für 49 Bewohner in 17 Einzel- und 16 Doppelzimmer. Davon sind 10 Plätze für Schwerstpflegebedürftige ausgestattet. Des Weiteren existieren Gemeinschaftsräume, Aufenthaltsecken, Therapieräume, zwei Außenterrassen und ein Erlebnisgarten mit Spazierwegen und einem Bachlauf.

Mitarbeiter Derzeit hat der Sonnenhof, neben Maria Menkel, 49 Mitarbeiter (44 Frau, 5 Männer). Davon arbeiten 12 Frauen in der Hauswirtschaft als Reinigungs- und Küchenkräfte, drei Frauen und ein Mann in der Verwaltung. Drei weitere Männer sind für alles Technische im Haus zuständig. Von den insgesamt 30 Mitarbeitern in der Pflege, sind 13 examinierte Altenpfleger, 14 Altenpflegehelfer, zwei Alltagsbetreuer und eine BFDlerin (Bundesfreiwilligendienst).

2.3 Arbeit und Alltag im Sonnenhof

Maria Menkel ist wichtig, dass die Pfleger den Bewohnern als "Partner für alle Fragen" zur Verfügung stehen und sämtliche Aufgaben in ihrem Bereich übernehmen. So sind die Fachkräfte neben der Grundpflege auch für andere Dinge zuständig, z. B. für die Bestellung von Medikamenten und das Bereitstellen von Getränken. Dazu gehört auch, dass die Pflegekräfte immer in denselben Schichten eingeteilt werden. So haben die Bewohner und Mitarbeiter einen festen und verlässlichen Rhythmus. Damit herrschen einheitliche Standards, die von allen Mitarbeitern getragen werden. Um die Qualität der Pflege zu überprüfen, wird die Arbeit jeden Morgen und Nachmittag von der Schichtleitung kontrolliert.

Außerdem ist ihr eine gewisse Hierarchie zwischen examinierten Pflegekräften, Pflegehelfern und Praxisbegleitern wichtig: „Die Examinierten wollen ja weiter oben stehen und Verantwortung tragen, dazu haben sie ja schließlich die Ausbildung gemacht. Naja, und wenn man das fördert, strengen sie sich mehr an. Dadurch steigt die Qualität in der Pflege." Frau Menkel räumt ihren Mitarbeiterinnen und Mitarbeitern die Möglichkeit zur Weiterbildung ein: „Wenn der Dienstplan es zulässt, kann sich das Personal nach Absprache jede Art von beruflicher

Kompetenz aneignen." Das fördert die Einrichtungsleiterin aktiv, indem für die Weiterbildung Überstunden oder Urlaub genommen werden können.

Ihre Mitarbeiter sind überwiegend über 40 Jahre alt. Frau Menkel sieht darin den Vorteil, dass die Jüngeren von den erfahrenen Fachkräften lernen können. Sie legt viel Wert auf die altersgemischte Teamstruktur, denn „Erfahrungsweitergabe bedeutet Qualitätsweitergabe. Was zählt, ist vor allem Erfahrung. Und die wollen wir." Deshalb versucht sie auch, langjährige Mitarbeiter mit gesundheitlichen Probleme nach ihrer Genesung wieder einzubinden: „Wenn eine gute Mitarbeiterin z. B. Knieprobleme bekommt, kann sie natürlich nach der Reha wieder bei uns einsteigen. Zwar mit halber Kraft, aber sie kann sich doch einbringen!"

Von großer Bedeutung für Maria Menkel ist das „Wir-Gefühl" beim Personal. Zur Stärkung der Teamkultur veranstaltet sie jedes Jahr einen Ausflug im Sommer und eine Weihnachtsfeier. Damit der Teamgeist stimmt und keiner bevorteilt wird, hält sie sich bei der Bezahlung der Mitarbeiter strikt an den gesetzlichen Mindestlohn. Von ihrer Philosophie für die Einrichtung ist sie sehr überzeugt. „Wenn ein Mitarbeiter die Marschroute nicht mitgcht, muss er eben woanders hingehen. Ich muss da wirklich auch anfangen, zu selektieren und Leute rausnehmen, die den Betriebsfrieden stören und nicht daran interessiert sind, was Sinnvolles aufzubauen." Deshalb hat sie sich auch in den letzten Jahren von mehreren Mitarbeitern getrennt, die sich nicht in das Team eingefügt und der Teamkultur angeschlossen haben. Das waren auch Mitarbeiter, die demotiviert erschienen und viele Krankheitstage hatten.

Probleme sollen gemeinschaftlich angesprochen werden, um den Mitarbeitern die Möglichkeit zu geben, gemeinsame Ideen einzubringen und ein Lösungskompromiss zu finden. So auch heute nach der Frühschicht: Die examinierte Altenpflegerin Gertrud Seiler hat bei der Schichtübergabe angesprochen, dass das System „Ein Partner für alle Fragen" aus ihrer Sicht viel Arbeit bedeutet und mit dem jetzigen Personalschlüssel kaum zu schaffen ist. Die Kolleginnen stimmten ihr zu und forderten die engagierte Betriebsrätin auf, mit der Chefin zu sprechen.

Frau Seiler geht also direkt nach der Übergabe in das Büro der Heimleiterin, um mit ihr über dieses Problem zu reden: „Maria, kann ich dich mal sprechen?" „Klar, nur nicht zu lange, es ist wieder viel zu tun… Aber schieß los!" „Heute nach der Frühschicht habe ich mit den Kollegen über das System ‚Ein Partner für alle Fragen' gesprochen. Das System ist eine gute Idee und wir merken, dass es den Bewohnern gut gefällt. Aber im Team sind damit nicht alle zufrieden und fühlen sich sehr überlastet. Noch immer klappt die Übergabe und Dokumentation von Medikamenten nicht fehlerfrei. Dazu kommen die ganzen Überstunden, die wir mit dem Papierkram anhäufen. Da uns auch noch ständig Leute fehlen, können wir die auch nicht wirklich abfeiern. Ich mach mir einfach Sorgen um die Kolleginnen und um die Bewohner."

Ehe Frau Menkel antworten kann, klingelt ihr Telefon. Ihre Miene verfinstert sich, während des Telefonats: „Ja okay, aber du weißt schon, dass du damit deine Kollegen hängen lässt? Da kann ich mich jetzt nicht drum kümmern, sieh einfach zu, dass du schnellstmöglich wieder auf dem Damm bist." Nachdem sie aufgelegt hat, sagt sie zu Frau Seiler: „Das war Andrea, sie hat sich schon wieder krank gemeldet, irgendwas mit dem Rücken, keine Ahnung, was sie immer hat. Aber wo waren wir stehengeblieben?"

Die Betriebsrätin nimmt das Gespräch wieder auf: „Die Arbeit wächst uns über den Kopf, viele von uns wissen gar nicht, wo sie anfangen sollen. Wir haben kaum noch Zeit, uns richtig um die Bewohner zu kümmern. Irgendwie ist das, glaube ich, mit dem jetzigen Personalschlüssel nicht mehr zu packen. Selbst Manuela, die BFDlerin, hat in ihrem Praxisbericht geschrieben, dass es hier bei uns sehr stressig zugeht."[2]

Ihre Chefin erwidert, „Naja du kannst ja wohl kaum eine BFDlerin als Maßstab nehmen. Ihr seid ausgebildete Fachkräfte und müsst mit der Arbeitsbelastung locker klar kommen. Gerade du, schließlich eine meiner besten Mitarbeiterinnen!"
„Ja, aber wir müssen auch viele Sachen machen, die nicht in unser Aufgabengebiet fallen. Warum muss ich einen Bewohner zum Arzt begleiten? Das kann doch auch eine Helferin machen, genau wie die Organisation des Sommerfestes. Klar mache ich das gerne, aber das entspricht doch nicht meiner Ausbildung."

Maria Menkel beendet das Gespräch: „Ich denke mal darüber nach. Wenn dem so ist, muss ich mir etwas überlegen. Jedenfalls ist es gut, dass du mit mir darüber sprichst. Mir ist bewusst, dass ich von euch viel verlange. Vielleicht ändere ich das System wieder, aber jetzt muss ich erst mal hier weitermachen." Erleichtert und zuversichtlich verlässt Gertrud Seiler das Büro, geht sich umziehen und macht sich auf den Nachhauseweg. Die Heimleiterin ist gedanklich schon wieder bei der Frage, wie sie bis Dezember die benötigten Fachkräfte einstellen kann. Sie hat in den letzten Wochen die Erfahrung gemacht, dass die Erstellung herkömmlicher Stellenanzeigen in der Zeitung und auf der eigene Website viel Arbeit bedeutet, zeitlich aufwändig ist und gleichzeitig nicht die gewünschten Effekte bringt: Bisher sind nur sechs Bewerbungen eingegangen, wovon aber nur eine wirklich überzeugt.

2.4 Frau Menkel sucht nach Unterstützung

In ihrer Ratlosigkeit beschließt Frau Menkel, sich an die Arbeitsagentur in Heidstadt zu wenden. „Vielleicht können die mir helfen? Eigentlich hätte ich darauf auch früher kommen können, dafür sind die ja da." In der Vergangenheit konnte ihr

---

[2] Den Bericht von Manuela finden Sie im Anhang.

die Arbeitsagentur bereits einige Male Altenpfleger vermitteln, wie z. B. vor drei Jahren Getrud Seiler. Die 41-Jährige ist heute eine ihrer besten Mitarbeiter und lässt sich gerade zur Pflegedienstleiterin weiterbilden. Sie nimmt sofort telefonischen Kontakt mit der Arbeitsagentur auf und bekommt einen kurzfristigen Termin für kommenden Freitag.

Freitag, 29. September, kurz nach 10 Uhr Nach ihrem morgendlichen Rundgang macht sich die Heimleiterin auf den Weg zur Arbeitsagentur. Sie erhofft sich eine schnelle Lösung: am besten die Vermittlung ausgebildeter und erfahrener Altenpfleger. Ihr Betreuer im Arbeitgeberservice, Michael Thevesen, kann ihr allerdings nur wenig Hoffnung machen: „Frau Menkel, der Markt ist wie leergefegt. Aber wie wäre es denn, zunächst Personen ohne die nötige Ausbildung einzustellen und dieses dann selbst weiter zu qualifizieren?"

Daran hatte Maria Menkel auch schon gedacht, allerdings „müssen die Fachkräfte bald da sein. Die Heimaufsicht macht mir großen Druck und ich kann leider nicht warten, bis Altenpflegerhelfer oder Leute mit angefangener Ausbildung so weit sind. Zudem kostet das auch eine Menge Geld. Was macht eigentlich die Bundesagentur, um den anrollenden Fachkräftemangel in der Altenpflege zu verhindern?"

„Frau Menkel, Sie haben Recht, und Sie sind nicht die Einzige mit diesem Personalproblem. Wir sind gerade dabei, eine Arbeitsgruppe zu diesem Thema und unter der Leitung unseres Geschäftsführers ins Leben zu rufen. Hätten Sie vielleicht Lust, auch daran teilzunehmen?" Die etwas verzweifelte Heimleiterin stimmt ohne große Umschweife zu, schließlich will sie schnellstmöglich neues Personal gewinnen.

Zum Ende des Gespräches macht Michael Thevesen ihr noch einen Vorschlag: „In drei Wochen findet hier im Haus eine Berufsbildungsmesse statt. Vielleicht kommen Sie auch mit einem kleinen Stand und machen Werbung für ihr Haus und die Pflegebranche? Das wäre doch nett." Maria Menkel will darüber nachdenken und die beiden verabschieden sich.

Eine Woche später kommt morgens mit der Post die angekündigte Einladung zum ersten Treffen der Arbeitsgruppe "Gremium für die Zukunft der Pflege" (GZP).

2.5 Die Arbeitsgruppe

Freitag, 19. Oktober, 16.00 Uhr: Konferenzraum der Arbeitsagentur Heidstadt
An der Arbeitsgruppe nehmen außer Frau Menkel noch Mitarbeiter der Arbeitsagentur, der Direktor der Berufsfachschule für Altenpflege in Heidstadt, die

Gesundheitsreferentin im Landkreis Nordau sowie ein Abteilungsleiter für die berufliche Bildung im Landesministerium für Bildung und Kultur teil. Die IHK Heidstadt und die Wirtschaftsförderung des Landkreises hatten erst zu- und dann überraschend abgesagt.

Zu Beginn des Treffens macht der Geschäftsführer der Arbeitsagentur deutlich, dass zwar der quantitative Umfang des Fachkräftebedarfs noch nicht genau bestimmt werden kann, aber ein Mangel heute schon sichtbar ist: "Es gibt mehr offene Stellen für ausgebildete Altenpfleger als Personen, die in diesem Bereich Arbeit suchen. Und der demographische Wandel wird das Problem noch verschärfen: Die Zahl der Pflegebedürftigen wird weiter steigen, gleichzeitig werden immer weniger Kinder und somit zukünftige Altenpfleger geboren."

Aus der Pflegepraxis waren noch zwei andere Frauen gekommen, die in vergleichbaren Einrichtungen ganz in der Nähe arbeiten: Rebekka Osterloh, die Geschäftsführerin der Parkresidenz in Großhaufingen, und Sylvia Harms, die Personalverantwortliche des katholischen „Marienhauses" in Rosental. Die AG-Sitzung ist sehr lebhaft. Auf dem Weg nach draußen wird Maria Menkel von Frau Osterlohe angesprochen: „Hallo, wie fanden sie denn die Arbeitsgruppe?" Die Chefin des Sonnenhofs muss nicht lange überlegen: „Sehr inspirierend, anscheinend existieren auf den verschiedenen Ebenen sehr unterschiedliche Vorstellungen darüber, was gute und funktionierende Strategien gegen den Fachkräftemangel sind. Aber ich habe irgendwie noch offene Fragen. Mir geht es ja vor allem darum, zu erfahren, was mein Betrieb tun kann, um die nötigen Fachkräfte zu gewinnen und zu halten. Ich meine, was bringen mir denn eine landesweite Imagekampagne oder eine langwierige Überarbeitung von Bildungsanforderungen? Klar, dass das wichtig ist, aber ich brauche ein paar schnelle Antworten und Lösungen."

Sylvia Harms stimmt ihr zu: „Dass der Landkreis bald mal einen runden Tisch einrichten will oder dass sich alle dagegen wehren, wenn die EU für die Altenpflegeausbildung das Abitur als Zugangsvoraussetzung einführen will – schön und gut, aber für uns als Pflegeheime bringt das höchstens mittel- oder langfristig was. Ich habe eine Idee: Wollen wir uns nicht die Tage zu dritt treffen und uns schon mal informell austauschen?" Und so verabreden sie sich für den kommenden Donnerstag im Sonnenhof.

2.6 Besuch im Sonnenhof

Donnerstag, 26 Oktober, 10.00 Uhr Frau Menkel will eine gute Gastgeberin sein und führt die beiden Kolleginnen durch den Sonnenhof. Danach schlägt sie vor, das sonnige Wetter zu nutzen und auf die Terrasse zu gehen: "Da können wir dann in

Ruhe einen Kaffee trinken und uns bei einer Zigarette unterhalten, hier drinnen es viel zu unruhig." Beim Hinausgehen beginnen die beiden auch gleich den Sonnenhof zu loben: „Ein schönes Haus haben Sie", so Frau Harms. Maria Menkel fühlt sich geschmeichelt und erzählt ein bisschen von der Geschichte des Hauses, von der Dorfgemeinschaft und der Stille, die in der Nacht hier in Wietingen herrscht. Draußen angekommen, spricht Frau Menkel den eigentlichen Grund des Treffens an: „Sagen sie mal, haben Sie eigentlich auch Probleme, Personal zu finden?" Frau Osterlohe zögerte kurz, schließlich kennt sie die Leiterin des Sonnenhofs kaum, warum soll sie direkt über dieses Thema reden? Aber dafür ist sie hergekommen und antwortet daher: „Naha, wir suchen gar nicht so sehr. Momentan ist unsere Fachkraftquote sogar zu hoch. Wir gehen fast auf die 65 % und es braucht ja nur 50 %. Aber das werden wir auch nicht mehr lange schaffen."

Sylvia Harms, die Personalverantwortliche des Marienhauses ergänzt: „Wir sind ziemlich gut im Soll. Klar, je nach dem wer mal krank ist, so kann es mal eng werden, aber im Schnitt haben wir keine großen Probleme. Wie ist das denn bei Ihnen, Frau Menkel?" Diese muss zugeben, dass sie aktuell echte Personalschwierigkeiten hat: „Ich brauche dringend Leute und finde keine. Die Heimaufsicht hat mir bis Dezember Zeit gegeben, die Fachkraftquote zu erfüllen. Momentan lasse ich die Examinierten etwas länger arbeiten, also in die anderen Schichte mit rein. Das geht aber auch nicht auf Dauer und die ersten Mitarbeiter beschweren sich schon. Ich frage mich, wieso ich bei einer ähnlichen Heimgröße und vergleichbarer Lage im Gegensatz zu ihnen solche Schwierigkeiten habe… Also ich glaube einfach, dass die Region zu unattraktiv sei. Wer will denn hier auf dem Land in Wietingen leben? Gerade letzte Woche hat wieder eine Mitarbeiterin gekündigt, weil ihr Mann einen Job in Hamburg gefunden hat."

Rebekka Osterlohe pflichtet ihr bei: „Ja das stimmt. Großstädte sind ziemlich attraktiv, besonders für junge Leute. Da muss man eben versuchen, andere zu bekommen und zu halten." „Und wie machen Sie das?" Die Geschäftsführerin der Parkresidenz muss nicht lange überlegen: „Erst einmal versuche ich, meinen Leuten nicht nur den Mindestlohn zu zahlen. Ich liege immer darüber, zumal der Mindestlohn ja sowieso nur für Altenpflegehelfer gilt." Angesichts der angespannten finanziellen Situation des Sonnenhofs erwidert Maria Menkel: „Das ist schwierig bei den Pflegesätzen, alles ist sehr eng kalkuliert. Als ich hier als Heimleiterin angefangen habe, musste ich ganz schön schlucken: Meine Vorgängerin hatte viel mehr Examinierte als nötig, diesen Überhang musste ich erst einmal abschmelzen. Das erzeugte einen hohen Aufwand und kostete viel Geld, außerdem war der Erweiterungsbau sehr teuer. Das Geld muss ich erst wieder reinholen, da haben die Banken keine Geduld. Aber wenn das durchgestanden ist, bekommen meine Mitarbeiter eine dicke Lohnerhöhung. Bis dahin kalkuliere

2.6 Besuch im Sonnenhof

ich eben so, dass ich nicht zu viele examinierte Altenpfleger habe. Dafür fehlt mir schlicht das Geld", so die Heimleiterin.

Daraufhin Frau Osterlohe: „Hm …, ich mache natürlich den Fehler, Geld für Personal statt für Investitionen auszugeben. Ich zahle allen Altenpflegehelfern mehr als den Mindestlohn, die arbeiten bei mir für 11 € aufwärts. Für die Leute soll es sich lohnen, Einsatz zu zeigen und gute Arbeit zu machen." Maria Menkel verschränkt die Arme vor der Brust und sagt: „Das tut es bei mir auch. Ich versuche es jedoch nicht mit mehr Geld. Mir ist es wichtig, dass meine Leute einen festen und verlässlichen Schichtplan haben. Da können sie sich besser einstellen und das ist auch für die Bewohner gut, weil sie immer genau wissen, wann wer da ist. Dies wird auch von unseren Bewohnern sehr geschätzt. Wie machen Sie das denn, Frau Osterlohe?"

„Ich versuche, meinen Leuten einen geregelten Schichtdienst anzubieten mit der Möglichkeit, sich für die Arbeit im Früh- oder Spätdienst zu entscheiden. Denn die Mitarbeiter müssen sich darauf einstellen können, dass sie maximal alle zwei Wochen am Wochenende arbeiten. Und sie müssen die Möglichkeit haben, zwischen Früh- und Spätschicht zu kombinieren, besonders wenn sie schulpflichtige Kinder haben. Das wird natürlich schwierig, wenn jemand aus dem Team krank ist. Ich kann das zwar ganz gut ausgleichen, aber mit mehr Leuten und wenn die weniger krank wären, hätte dies auch für mich deutliche Vorteile." Sylvia Harms kennt die Problematik hoher Krankenstände und fragt daher, wie die beiden Kolleginnen diese kompensieren.

Dazu Maria Menkel: „Naja, erst mal müssen die anderen Mitarbeiter das abfangen und einspringen. Aber ich versuche auch, meinen Leuten zu vermitteln, dass ein kleiner Husten kein Weltuntergang ist. Schließlich kann damit auch noch gearbeitet werden, wenn einfach ein bisschen weniger geraucht wird."

Rebekka Osterlohe erzählt aus der Parkresidenz: „Apropos Rauchen: Wir haben jetzt bei uns eingeführt, dass Raucher einen Büchergutschein bekommen, wenn sie einen Monat bei der Arbeit nicht gequalmt haben." Maria Menkel wirft ein: „Es ist nun mal auch etwas anderes, mit der besser betuchten Gesellschaft als Kunde; Sie können ja ganz anders kalkulieren als ich." „Das mag stimmen, aber es geht ums Prinzip. Denn es wirkt – ein bisschen zumindest! Denn das Rauchen kostet Arbeitszeit und die Mitarbeiter werden eher krank, wenn sie Rauchen und ständig draußen in der Kälte stehen. Da muss eh mehr getan werden, denn nur gesunde Mitarbeiter bringen Leistung." Jetzt schaltet sich Frau Harms wieder ein: „Das stimmt" Ich versuche, meine Mitarbeiter gar nicht erst krank werden zu lassen und probiere seit Kurzem mit einem betrieblichen Gesundheitsmanagement entgegenzuwirken. Bisher ist es noch darauf limitiert, meine Mitarbeiter auszufragen, was ihnen für die Arbeit fehlt und was sie sich wünschen."

Maria Menkel schweift in Gedanken ab: „Das ist doch ein alter Hut. Wer krank machen will, tut das auch." Während sie vor sich hin sinniert, sagt Frau Harms: „Frau Menkel, sie hatten glaube ich noch nicht ausgeredet. Wir waren gerade dabei was Sie machen, wenn bei ihnen zu viele Mitarbeiter krank sind." Frau Menkel zögert kurz, ob sie den beiden etwas über ihren derzeitigen Joker bei Personalengpässen erzählen soll. Entscheidet sich aber letztendlich dafür. „Wissen Sie, ich habe vor Längerem die Chefin einer Agentur kennengelernt, die selbständige examinierte Altenpfleger vermittelt. Ohne die Freiberufler, die ab und zu für mich arbeiten, könnte der Sonnenhof den hohen Krankenstand nicht auffangen. Ich meine, was hilft es denn, wenn sich die Mitarbeiter ständig krank melden? Manchmal habe ich das Gefühl, dass die sich gegenseitig im Stich lassen. Sehen Sie das nicht auch so?"

Mit einem Lächeln auf den Lippen antwortet Sylvia Harms: „Im Marienhaus setzen wir voll auf die Gemeinschaft. Wir arbeiten zusammen, feiern zusammen und wenn einer krank ist, schreiben wir gemeinsam eine Karte. Jeder gehört dazu und keiner lässt den anderen im Stich. Dazu gehört auch, dass die Leute unbefristete Verträge haben und sich dadurch intensiver einbringen, jeder wie er kann."

Frau Menkel zweifelt etwas: „Alles schön und gut, Gemeinschaft ist ja toll. Aber letzten Endes sollen die Mitarbeiter doch ihre Arbeit machen. Wenn ich nur daran denke, wie oft ich hinter einer ordentlichen Dokumentation herlaufen muss." Auch hierzu weiß die Personalverantwortliche des katholischen Marienhauses etwas zu sagen: „Wir erwerben momentan Tabletts und stellen das System langsam auf IT um. Ich kann mir gut vorstellen, viel Zeit einzusparen, wenn die Dokumentation zukünftig digital erledigt wird. Oder die Pflegeplanung … "

Frau Osterlohe wendet ein: „Das stelle ich mir bei uns ein bisschen schwieriger vor, besonders bei unseren älteren Mitarbeitern. Die zwar mit viel Ruhe und Gelassenheit glänzen, aber für solche neuen Sachen in der Regel nicht zu gewinnen sind." Darauf Frau Harms: „Ja, das kann ich nachvollziehen. Meine Philosophie ist es, die Examinierten nur fachgerecht einzusetzen. Sie sollen sich dann gegenseitig die neue Technik erklären. Wir haben da ein paar ganz fitte junge Mädels, die sich damit ziemlich gut auskennen. Das kam auch auf der Berufsbildungsmesse gut an bei den jungen Leuten."

Maria Menkel denkt sich: „Zu der Messe wäre ich ja auch gerne gegangen. Aber wie soll ich das machen, bei uns klemmt es an allen Ecken und ich habe keine Zeit, einen ganzen Samstag auf so einer Messe zu stehen. Ich brauche Fachkräfte und keine Schüler, die sich nur mal eben informieren wollen."

Sylvia Harms fährt derweil fort: „Wir arbeiten viel mit Freiwilligen und Ehrenamtlichen zusammen. Die übernehmen z. B. einen Teil der Nachmittagsbetreuung. Bei uns kommen öfter mal die ‚Grünen Damen' vorbei. Die Bewohner tragen auch ihren Teil bei, z. B. in der Küche und im Endeffekt sinkt dadurch die Arbeitsbelastung der Fachkräfte. Die können sich dann um die eigentliche Arbeit kümmern."

In dem Moment kommt Gertrud Seiler auf die Terrasse gestürmt und ruft Frau Menkel zu: „Maria, komm mal schnell, Herr Molle ist gestürzt!" Die Heimleiterin läuft los, um der Mitarbeiterin zu helfen. Die beiden Gäste schauen sich fragend an: „Wie kann das sein? Wieso muss sie jetzt losrennen, machen das nicht ihre Mitarbeiter?" fragt Sylvia Harms. „Keine Ahnung", meint Rebekka Osterlohe und zieht an ihrer Zigarette. „Anscheinend hat sie wirklich zu wenig Personal. Aber was könnte sie nur anders machen?"

2.7 Blick in die Zukunft

Rosenthal, 14 Dezember, 5.45 Uhr Getrud Seiler erinnert sich an die Vorkommnisse im September. Sie war zu ihrer Chefin, Maria Menkel, gegangen und wollte mit ihr die Bedenken und Nöte der Mitarbeiter zu dem System "ein Partner für alle Fragen" besprechen. Frau Menkel hörte zu und wollte sich ein paar Gedanken machen; wenige Tage später dann aber: „Gertrud, was soll das? Gerade als eine meiner besten Mitarbeiter solltest mich doch unterstützen und das System mit tragen, stattdessen untergräbst du meine Autorität und meckerst nur rum. Erledige erst einmal deine Arbeit, bevor du dich mit deinen Kollegen zum Kaffeekränzchen zusammen setzt und dir so etwas überlegst. Wer ständig zu spät kommt, nur weil das Kind wieder irgendetwas hat, sollte vielleicht die Füße still halten!"

Sie wischt die Erinnerung zur Seite und konzentriert sich auf die gleich beginnende Schicht im Marienhaus, ihrem neuen Arbeitsplatz.

Fallzusammenfassung für Dozierende 3

3.1 Inhalt der Case Study

Im Zentrum steht die Leiterin des Altenpflegeheims „Sonnenhof" Maria Menkel. Sie hat nicht ausreichend Fachkräfte und nur wenig Zeit, die nötigen qualifizierten Mitarbeiter zu finden. Schafft sie dies nicht, drohen harte Strafen. Gleichzeitig ist der Arbeitsmarkt in der Region wie leergefegt, die nötigen Kräfte sind also nur schwer zu finden. Des Weiteren muss sie die freien Zimmer beleben und so ihre Einrichtung auszulasten, da sie den Umsatz braucht, um einen Umbau zu finanzieren.

Die 52-Jährige muss also schnell eine Antwort finden auf die Frage, wie sie dem Fachkräftemangel in ihrer Institution begegnen kann. Der Leser lernt die Protagonistin, ihr Personalmanagement und die damit verbundenen Schwierigkeiten kennen; offensichtlich führen ihre bisherigen Strategien der Personalrekrutierung und -bindung nicht zum Ziel. Ihr bisheriges Personalmanagement zeigt kaum Erfolge, das Gegenteil ist eher der Fall. Im Laufe der Handlung kommt sie mit verschiedenen Akteuren zusammen, die für sie und ihr Problem von Relevanz sind. Andere Heimleiter, Lokal- und Landespolitiker, Bildungs- und Gesundheitspolitiker, der Bundesagentur für Arbeit und der Berufsfachschule. Es zeigt sich, dass viele verschiedene Strategien und Ansichten darüber existieren, was gute und sinnvolle Maßnahmen gegen den (drohenden) Fachkräftemangel sein können. Jeder der Akteure hat eine eigene Meinung, die Zeit drängt – was also soll die Protagonistin tun?

Die Case Study startet unvermittelt ins Geschehen und zeigt die Dringlichkeit des Fachkräftemangels in der Altenpflege. Viele Problemfelder werden aufgezeigt, mancher Lösungsweg grob skizziert. Manches mag dem Studierenden bekannt vorkommen oder banal erscheinen – dieser wird aber schnell merken, dass bisherige Denkweisen offensichtlich nicht zum Erfolg führen. Die Zeiten ändern sich, heute muss ein Arbeitgeber attraktiv sein für die dringend benötigten Fachkräfte. Die Fallstudie lebt von ihrer vitalen und stark personengetragenen Realitätsnähe.

© Springer-Verlag GmbH Deutschland 2017
M. Klöppner et al., *Fachkräftemangel im Pflegesektor*,
DOI 10.1007/978-3-662-54014-5_3

Die auftretenden Charaktere sind fiktiver Natur, sie stehen stellvertretend und prototypisch für die verschiedenen Institutionen und Akteure am Arbeitsmarkt – damit ist die Fallstudie auch auf andere Branchen und Bereiche übertragbar.

3.2 Besonderheit der Case Study: die Verbindung verschiedener Ebenen

Die Besonderheit der Case Study ergibt sich aus dem speziellen Thema „Fachkräftemangel". Dieser hat seine Ursachen auf verschiedenen Ebenen, nämlich der gesellschaftlich-politischen „Makro"- und der betrieblichen „Mikro"-Ebene (siehe Abb. 3.1). Denn besonders in der Altenpflegebranche besteht das Dilemma, dass einem sinkenden Angebot an Arbeitskräften eine steigende Nachfrage, ein höherer Bedarf, gegenübersteht und stehen wird. Die beiden Ebenen können sehr gut getrennt voneinander untersucht und behandelt werden, allerdings darf nie aus dem Blick geraten, dass sie stark miteinander in Verbindung stehen und sich gegenseitig beeinflussen.

3.2.1 Makro-Ebene

Auf übergeordneter Ebene hat der sog. „demographische Wandel" einen starken Einfluss auf das zukünftige Angebot an Fachkräften: Durch die steigende Lebenserwartung und das Älterwerden der „Babyboomer"-Generation in den nächsten

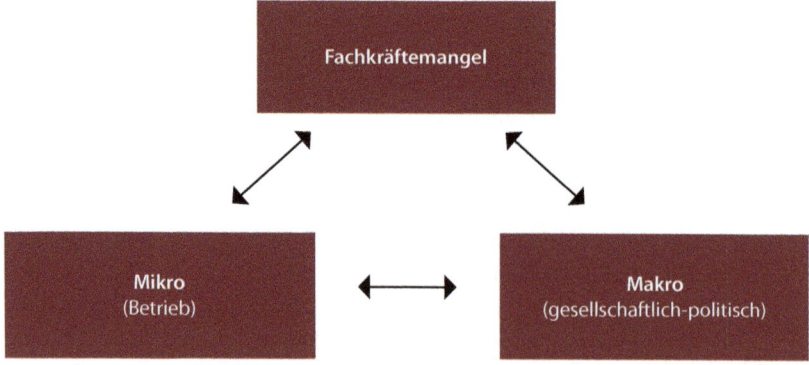

Abb. 3.1 Verbindung verschiedener Ebenen

3.2 Besonderheit der Case Study: die Verbindung verschiedener Ebenen

Jahren wird die Anzahl der Pflegebedürftigen und damit der ohnehin schon hohe Bedarf nach qualifizierten Fachkräften zunehmen.

Dem stehen zu wenige Neugeborene, hohe Akademikerquoten und andere Einflussfaktoren wie Probleme in der Berufsausbildung und ein schlechtes Image des Berufs Altenpfleger gegenüber. Dies alles lässt die Anzahl derer, die als qualifizierte Fachkräfte in der Pflege arbeiten könnten, weiter schwinden. Die Folge: Gutes Personal ist bereits heute knapp.

Auf der Makro-Ebene geraten Akteure wie die Politik und die Bundesagentur für Arbeit in den Blick. Diese können und müssen die Rahmenbedingungen anpassen und die Grundlage schaffen, damit ein Fachkräftemangel kein flächendeckendes Problem wird. Neben politischen sind hier vor allem solche Maßnahmen geeignet, die auf betrieblicher Ebene ihre unmittelbare Wirkung entfalten. Daher liegt der Fokus der vorliegenden Fallstudie auf der Mikro-Ebene.

3.2.2 Mikro-Ebene

Auf der Mikro-Ebene steht konkret die Frage im Raum, was Betriebe und Unternehmen tun können, um einem drohenden Fachkräftemangel vorzubeugen oder bereits aktuellen Engpässen entgegen zu wirken. Denn die Zeiten, in denen sich Betriebe und Unternehmen vor Bewerbungen kaum retten konnten, sind vorbei. Instrumente der Personalrekrutierung und -bindung sind kein Luxus, sondern unabdingbar.

Klassische Wege reichen nicht mehr aus, um dringend benötigte und gut ausgebildete Fachkräfte zu gewinnen und an das eigene Unternehmen zu binden. Dies kann am besten erreicht werden durch den erfolgreichen Aufbau und die wirksame Kommunikation des Bildes eines attraktiven Arbeitgebers.

Denn die Fachkräfte wissen um ihren Wert und den mittlerweile herrschenden Fachkräftemangel in der Altenpflege; viele Fachkräfte haben verstanden, dass sie sich ihren Arbeitgeber aussuchen können.

Um gute Mitarbeitende zu gewinnen und auch langfristig emotional zu binden, müssen Pflegeeinrichtungen daher attraktive Arbeitgeber werden. Pflegeeinrichtungen, die als Arbeitgeber einen guten Ruf haben, verbessern ihre Chancen im Wettbewerb um gut ausgebildete und motivierte Fachkräfte.

Ein beschönigendes Personalmarketing, das nicht die Realität im Unternehmen abbildet, kann nicht nachhaltig erfolgreich sein. Falsche Versprechungen führen nur dazu, dass die gewonnenen Mitarbeiter das Unternehmen schnellstmöglich wieder verlassen. Damit sind hohe finanzielle Kosten und Reputationseinbußen verbunden. Um attraktiv für Außenstehende sein zu können, muss ein Unternehmen daher letztlich auch für die eigenen Mitarbeiter attraktiv sein. Es gilt die Devise, dass Arbeitgeber nicht nur attraktiv aussehen, sondern attraktiv sein müssen.

3.2.3 Leitfragen und zentrale Themen

Die Case Study thematisiert auf spannende Weise das schon heute drängende Problem des Fachkräftemangels in der Altenpflege. Im Vordergrund stehen die Erarbeitung und Anwendung von Strategien zur Personalrekrutierung und -bindung. Die Fallstudie dient als Basis für die Bearbeitung der Leitfragen: Was sind Merkmale attraktiver Arbeitgeber? Welche Maßnahmen zur Gewinnung und Bindung von Fachkräften können ergriffen werden? Sie bietet zudem einen Einblick in aktuelle gesellschaftliche Entwicklungen und wichtige andere Einflussfaktoren, angesichts derer sich Arbeitgeber um die Steigerung ihrer Attraktivität für Fachkräfte bemühen müssen. Sie hat den Anspruch, auf andere Branchen und Bereiche übertragbar zu sein.

Zentrale Themen der Case Study sind:
- Hinleitung
- Demographische Entwicklungen
- Gesellschaftliche Veränderungen
- Die Konsequenz: Fachkräftemangel

Auf der Mikro-Ebene:
- Rekrutierungsstrategien: alternative Möglichkeiten der Rekrutierung bzw. Personalgewinnung
- Senkung des Fachkräfte-Bedarfs: Effizienz in Arbeit, Prozessen und Organisation
- Mitarbeiterbindung
- Unternehmenskultur
- Sinnhaftigkeit der Tätigkeiten
- Personalentwicklung
- Vereinbarkeit von Familie und Beruf
- Betriebliches Gesundheitsmanagement
- Als übergeordnetes Thema: Arbeitgeberattraktivität

Auf der Makro-Ebene:
- Matching & Arbeitsmarkttransparenz
- Imagekampagnen

- Erschließen ungenutzter Arbeitsmarktpotenziale durch
- Familienpolitik
- Finanzielle Anreize (Steuer & Sozialversicherung)
- Bildung
- Zuwanderung
- System der Pflege inkl. Reformdiskussion um die deutsche Pflegeversicherung

3.3 Lernziel

Lernziel (Teaching Objectives) und das zu erwerbende Kompetenzziel ist es nicht, das Rad neu zu erfinden. Vielmehr geht es darum, zu verstehen, wie Betriebe auf einen aktuellen und zukünftigen Fachkräftemangel reagieren können: mit der Steigerung ihrer Attraktivität als Arbeitgeber. In einem zweiten Schritt werden Strategien und Maßnahmen erarbeitet, die genau hier ansetzen und damit der Personalrekrutierung und -bindung förderlich sind. Durch die Bearbeitung der Fallstudie lernen die Teilnehmenden, welche Möglichkeiten sie haben, um flächendeckenden Engpässen zu begegnen und sie für sich zu verhindern.

Konkrete Lernziele der Case-Study-Bearbeitung sind:
- Verstehen und Perspektiven öffnen: Besonderheiten, Komplexität und Möglichkeiten eines innovativen Personalmarketings erkennen und verstehen
- Analysekompetenz: die Fähigkeit, den Fall strukturiert und mit Rückgriff auf Erlerntes und Theorie zu analysieren. Die Aufgabe besteht darin, Konzepte und Theorien zum Verständnis der Strukturierung und zur Analyse des Falls einzusetzen.
- Entscheidungs- und Argumentationskompetenz: Auf Grundlage des Verständnisses und der Analyse des Falls sollen erlernte Konzepte und Strategien entwickelt werden, Handlungsempfehlungen erarbeitet und theoriegeleitet begründet werden.
- Motivation für eigenes Handeln: Die Arbeit am konkreten Fall soll die Teilnehmenden dazu motivieren, den Blick auf das eigene Unternehmen zu lenken und die Ergebnisse der Fallstudienarbeit in der eigenen alltäglichen Arbeit umzusetzen/anzuwenden.
- Überfachliches/Disziplin übergreifendes Wissen: Umgang mit komplexen Entscheidungssituationen (Problemlösekompetenzen), Kenntnis über Konsequenzen von Entscheidungen.

- Soft Skills: Durch die Arbeit in Gruppen und die Präsentation der Ergebnisse werden folgende Fähigkeiten trainiert werden: Überzeugungs- und Durchsetzungsfähigkeit, Entwickeln kreativer Lösungen.

3.4 Zielgruppen

Allgemein richtet sich die vorliegende Lehrfallstudie an Personalmanager in kleinen und mittelständischen Unternehmen, die aktuell oder zukünftig von einem Mangel an qualifizierten Fachkräften betroffen sind.

Die Bearbeitung der Fallstudie ist sehr gut geeignet für alle Personen, die sich mit Personalmanagement, Fragen der Organisationsentwicklung und der strategischen Unternehmenssteuerung befassen. Besonders für Teilnehmende aus der Pflege-, Gesundheits- und Sozialbranche ist sie von hoher Wichtigkeit, da die Fallstudie konkret den Pflegesektor fokussiert – ein Arbeitsmarkt, der längst einen flächendeckenden Fachkräftemangel zu verzeichnen hat.

Darüber hinaus eignet sich die Case Study für Workshops in Unternehmen, die sich bereits heute für den sich in Zukunft noch verschärfenden „War for Talents" wappnen wollen. Einen hohen Nutzen aus der Bearbeitung der Fallstudie haben zudem die Agenturen für Arbeit sowie Unternehmen beratende Dienstleister.

3.5 Demographischer Wandel

Als Folge der Bevölkerungsentwicklung, werden zukünftig relativ und absolut mehr ältere Menschen und weniger junge Menschen in Deutschland leben. Außerdem werden die geburtenstarken Jahrgänge der Nachkriegszeit, die sog. "Baby-Boomer", in ein pflegeintensiveres Alter kommen. Gleichzeitig steigt die Lebenserwartung seit vielen Jahren kontinuierlich an. Somit wird die Gruppe der 60-Jährigen und Älteren in den kommenden Jahrzehnten stark zunehmen. Zusätzlich wird es laut Prognosen des Statistischen Bundesamts eine deutliche Verschiebung der Altersstruktur der Bevölkerung hin zu den hohen Altersklassen geben: siehe dazu Tab. 3.1.

Da das Alter, stark mit der Pflegebedürftigkeit zusammenhängt (Bäcker et al. 2010, S. 179; BMG 2012, 2012b, S. 14; Enste und Pimpertz 2008a, S. 2; Statistisches Bundesamt 2010, S. 24 ff.), wird es in den nächsten Jahren zu einem deutlichen Anstieg bei den Pflegebedürftigen kommen (Tab. 3.2). Prognosen gehen von einem Anstieg der Pflegebedürftigen von heute (04/2012) rund 2,5 Mio. auf bis zu

3.5 Demographischer Wandel

Tab. 3.1 Bevölkerung Deutschland (in 1.000) mit erhöhtem Krankheits- und Pflegerisiko von 2009 bis 2050. Quelle: Statistisches Bundesamt 2010, S. 6

	2009	2020	2030	2050
Insgesamt	81.735	79.914	77.350	69.412
60 – 70 Jahre	9.197	10.911	12.572	9.541
70 – 80 Jahre	7.839	7.628	9.497	8.159
80 – 90 Jahre	3.656	5.086	4.929	7.905
90 und mehr Jahre	477	922	1.489	2.319

Tab. 3.2 Prognose zur Anzahl der Pflegebedürftigen (in Mio.) in Deutschland bis 2030 Quelle: Statistisches Bundesamt 2012a

	Insgesamt	Männlich	Weiblich
2005	2,10	0,70	1,40
2010	2,46	0,80	1,60
2020	2,90	1,00	1,90
2030	3,40	1,20	2,20

3,4 Mio. im Jahr 2030 aus. Die Mehrheit ist und werden die Frauen sein[1] (BMG 2012b, S. 10 ff.; Destatis 2011, S. 239; Hoffmann und Nachtmann 2008; Statistisches Bundesamt 2011).

Wenn die Anzahl der Pflegebedürftigen in den kommenden Jahren steigt, wird auch die Beschäftigung im Bereich Pflege zunehmen. Denn mehr Pflegebedürftige benötigen auch mehr Pflegekräfte. Modellrechnungen gehen davon aus, dass sich hierdurch der Bedarf von heute rund 890.000 Pflegearbeitskräften (Statistisches Bundesamt 2011) bis 2030 nahezu verdoppeln könnte (Pohl 2011a, S. 51).

Verschiedene Szenarien zur möglichen Entwicklung des Pflegearbeitsmarkts finden sich bei Enste und Pimpertz (2008); Pohl (2011a).[2]

---

[1] Hinzu kommen diejenigen Pflegebedürftigen, die keine Leistungen der Pflegeversicherung oder die sog. Pflegestufe 0 erhalten. Die bisherigen Daten basieren auf der bislang geltenden Definition von Pflegebedürftigkeit. Änderung der Definition bzw. den gesetzlichen Grundlagen nach Mai 20120 werden nicht berücksichtigt.
[2] Verschiedene Szenarien zur möglichen Entwicklung des Pflegearbeitsmarkts finden sich bei Enste und Pimpertz (2008); Pohl (2011a).

Um die Elterngeneration vollständig zu ersetzen und eine Altersstruktur mit höchstmöglichem Anteil von Personen im erwerbsfähigen Alter zu garantieren, ist zur Zeit eine durchschnittliche Kinderanzahl von 2,1 pro Frau erforderlich. Tatsächlich ist seit den 1960er-Jahren die Geburtenzahl in Deutschland stark gesunken, dadurch nahm die Stärke der Geburtenjahrgänge kontinuierlich ab. Heute (2010) beträgt die durchschnittliche Kinderzahl je Frau 1,39 (Statistisches Bundesamt 2012c, S. 15 ff.).[3]

Infolgedessen wird sich die sog. „Alterspyramide" umdrehen, bzw. sich zur einer „Urne" verändern. Dadurch wird die Bevölkerung im erwerbsfähigen Alter (15–65-Jährige, sog. Erwerbspersonenpotenzial (siehe Glossar)) kleiner. Das Institut für Arbeitsmarkt- und Berufsforschung geht davon aus, dass dieses potenzielle Arbeitskräfteangebot schon bis 2025 von 44,75 Mio. im Jahr 2008 um 15 % auf 38 Mio. Personen sinken könnte. Dieser Trend würde sich unter heutigen Bedingungen in Zukunft fortsetzen, sodass im Jahr 2050 nur noch 26,6 Mio. Personen dem Arbeitsmarkt zur Verfügung stünden. Es wird wiederholt deutlich, dass sich das prozentuale Verhältnis von Pflegebedürftigen zu Kindern bzw. Erwerbspersonen verändern wird.

Die aufgeführten demographischen Entwicklungen (Zunahme des Anteils älterer Menschen an der Gesamtbevölkerung & Bevölkerungsrückgang) haben für den Arbeitsmarkt zur Konsequenz, dass Engpässe bei benötigten Fachkräften auftauchen können (Dietz et al. 2012).[4] Konkret für den Pflegearbeitsmarkt bedeutet dies zweierlei: Zum einen wird die Zahl der Pflegebedürftigen deutlich ansteigen, weil mehr Ältere und damit mehr potenziell Pflegebedürftige in der Gesellschaft leben. Zum anderen wird das Erbwerbspersonenpotenzial zurückgehen. Anders formuliert: Einer wachsenden Anzahl älterer und pflegebedürftiger Menschen werden zunehmend weniger potenzielle Altenpfleger gegenüberstehen.

3.5.1 Demografie und der Fachkräftemangel: Diskussion

Der eingangs erwähnte „Demographische Wandel" wird als ursächlich für den steigenden Bedarf und das sinkende Angebot an Fachkräfte (der Altenpfleger) gesehen.

Eine kritische Auseinandersetzung mit diesem kausal unterstellten Zusammenhang findet sich u. a. bei Kistler (2012), der generelle Zweifel an demographischen

---

[3]Einen guten Überblick über die demographische Entwicklung Deutschlands im Zeitverlauf seit 1870 gibt Frank Micheel (2005).

[4]Zu sozialen Auswirkungen der demographischen Entwicklung siehe Birg (2011).

3.5 Demographischer Wandel

Prognosen äußert und sie als „äußerst unsicheres Terrain" bezeichnet. Er stellt weiterhin die Berechnungen zur Arbeitskräftenachfrage infrage und sieht das Szenario eines Fachkräftemangel als „spezifisch, interessengebundene Sichtweise der Arbeitgeber" (Kistler 2012, S. 160). Er kommt zu dem Schluss, dass kein Arbeitskräftemangel absehbar ist (außer in der Altenpflege, durch die stark steigende Nachfrage). Ähnlich äußern sich Schulz (2008) und Fuchs (2010).

Karl Brenke (2010) kommt für die naturwissenschaftlich-technischen Berufe zu dem Ergebnis, dass ein evtl. auftretender Fachkräftemangel vielmehr in den Arbeitsbedingungen, besonders der Bezahlung, begründet liegt. Solange die Löhne nicht stiegen, sei von einer Knappheit auf dem Arbeitsmarkt nicht auszugehen.

In diese Richtung argumentiert auch Joachim Möller (2011b, 2012), der die seit Jahren steigenden Erwerbsquoten von Frauen und Älteren betont. Das Angebot an Arbeitskräften sei daher nicht gesunken, sondern gestiegen – die aktuellen Schwierigkeiten der Firmen bei der Rekrutierung von Fachkräften haben „noch nichts mit dem demographischen Wandel zu tun". Verantwortlich für heutige Engpässe, bspw. bei den MINT-Berufen, seien eher die sog. Schweinzyklen (siehe Glossar). Schon in wenigen Jahren aber werde sich das ändern, der demographische Wandel werde immer stärker durchschlagen (Dietz et al. 2012).

Diese berechtigten, grundsätzlichen, Einwände und Überlegungen sollen nicht darüber hinwegtäuschen, dass dem Arbeitsmarkt Pflege schon in naher Zukunft eine noch weiter ansteigende Nachfrage nach qualifizierten Arbeitskräften bevorsteht. Die statistischen Projektionen mögen im Detail anzuzweifeln sein oder unterschiedlich ausfallen. Grundsätzlich gilt aber die Aussagen: Dem Arbeitsmarkt Altenpflege droht, aufgrund der demographischen Entwicklung in Deutschland, ein Fachkräftemangel.

Dieser wird bereits heute von der Bundesagentur für Arbeit festgestellt: „Auf 100 gemeldete Stellen kommen rechnerisch nur noch 38 Arbeitslose. Der Fachkräftemangel erstreckt sich mittlerweile auf alle Bundesländer" (BA 2012, S. 9).

Der Rückgang der erwerbsfähigen Bevölkerung hat aber auch zur Folgen, dass neben dem formellen auch das informelle (familiäre) Potenzial an Pflegearbeitskräfte schrumpfen wird. Angehörige werden immer seltener die Pflege der eigenen Eltern übernehmen, die Veränderungen traditioneller Familienstrukturen (weniger Kinder, räumliche Entfernung zwischen Kindern und Eltern) und ein Trend zum Einpersonenhaushalt werden zusätzlich zu einer stärkeren Nachfrage nach professioneller Pflege führen (Enste und Pimpertz 2008, S. 3).

Die Familie wird nicht mehr im heutigen Umfang als „Pflegedienst der Nation" zur Verfügung stehen. Gegenwärtig werden noch 45 % der Pflegebedürftigen durch Angehörige versorgt (Pohl 2011a, S. 37; Statistisches Bundesamt 2011, S. 4). Dieser Wert dürfte weiter sinken. Zusätzlich steigt seit Jahren die Frauenerwerbstätigkeit, was insofern Auswirkungen auf den Pflegesektor hat, als die Hauptlast der familiären Pflege von Frau getragen wird (Bäcker et al. 2010, S. 179; IAB 2011, S. 23). Damit steigt die Nachfrage nach professioneller Altenpflege.

Dies wird deutlich, wenn die Veränderungen in der Art der Versorgung in Deutschland im Zeitraum von 1999 bis 2009 betrachtet werden: Während die Zahl der pflegenden Angehörigen nur gering (+37.9732 bzw. 3,7 %) gestiegen ist, haben die Versorgung durch ambulante Pflegedienste (+139.909 bzw. 33,7 %) und die Unterbringung in Heimen (+154.728 bzw. 27,5 %) stark zugenommen (Pohl 2011b, S. 12; Pohl et al. 2012, S. 12). Weil sich im langfristigen Zeitvergleich ein Trend hin zur professionellen Pflege in Pflegeheimen und durch ambulante Pflegedienst zeigt (Destatis 2011, S. 131; Ente und Pimpertz 2008, S. 3; Statistisches Bundesamt 2010, S. 22), wird der demographische Wandel also zu einem höheren Bedarf nach Mitarbeitern im Pflegesektor führen (Ente und Pimpertz 2008, S. 2, 9).

Welchen statistischen Einfluss die Aussetzung der Wehrpflicht haben wird, bleibt abzuwarten. Ohne Zivildienst haben weniger junge Menschen die Möglichkeit, Erfahrungen und Einblicke in die Altenpflege zu gewinnen und sich aufgrund dieser Erfahrungen für eine berufliche Zukunft in der Altenpflege zu entscheiden. Dadurch werden auch die Kosten des Systems Altenpflege steigen.

Die Frage nach der Finanzierung der Altenpflege der Zukunft stellt sich auf massive Art und Weise. Der demographische Wandel und die gesellschaftlichen Veränderungen führen also zu einem höheren Bedarf an professioneller Altenpflege – gleichzeitig.

3.6 Berufsfeld Altenpfleger

Die tatsächliche Entwicklung des professionellen Pflegearbeitsmarktes wird auch von den Kosten für professionelle Pflegedienstleistungen abhängen. Denn der Bedarf nach Pflegearbeitskräften wird nur dann nachfragewirksam, wenn dieser auf ein entsprechendes Angebot an Pflegearbeitskräften trifft. Dazu müssen die Pflegedienstleistungen für die Pflegebedürftigen bzw. deren Angehörige einerseits bezahlbar sein. Andererseits müssen die Verdienstmöglichkeiten im Pflegebereich hinreichend hoch ausfallen, um zukünftig mehr Erwerbspersonen für einen Pflegeberuf zu begeistern.

Die demographischen Entwicklungen und das schlechte Image des Pflegeberufs führten dazu, dass die Zahl der Absolventen von Pflegeausbildungen zwischen 1999 und 2010 um 10 % sank (Simon 2011, S. 48).

3.6.1 Fluktuation am Arbeitsmarkt

Einen Altenpfleger hält es in der Regel nicht lange im Beruf. Während die Bundesagentur 2010 in einzelnen Agenturbereichen noch keinen Fachkräftemangel in der Altenpflege ausmachen konnte, war auf Landeseben 2011 nur noch im Bundesland Brandenburg die Stellenbesetzung weniger schwer. 2012 zeigt sich der Mangel an examinierten Altenpflegern in allen Bundesländern (BA 2011, 2012). Stellenangebote bleiben 115 Tage vakant und damit 57 % länger als im Bundesdurchschnitt aller Berufe. Auf 100 gemeldete Stellen kommen rechnerisch nur noch 38 Arbeitslose (BA 2012, S. 9).

Zwar verlaufen die Zunahme der Pflegebedürftigen und der Rückgang des Erwerbspersonenpotenzials zwischen Bundesländern und Regionen sehr unterschiedlich; Ballungsgebiete weisen eine andere Altersstruktur auf als ländliche Räume, sodass sich die Zahl der Pflegebedürftigen und der Pflegefachkräfte gemessen an der jeweiligen Einwohnerzahl unterscheidet.[5][6] Ganz allgemein kann festgehalten werden, dass es in ländlichen Regionen naturgemäß schwierig ist, qualifiziertes Fachpersonal zu gewinnen. Zwar ist auch die Nachfrage kleiner, das Verhältnis von offenen Stellen zu arbeitsuchenden Pflegekräften ist aber in Ballungsgebieten und Städten wesentlich günstiger. Der Mangel ist bereits heute zahlenmäßig nachweisbar und praktisch spürbar, sodass sich Aussagen wie die des Arbeitgeberverbands Pflege (2012) häufen: „In der Pflege fehlen inzwischen so viele Fachkräfte, dass (…) bald Stationen oder ganze Heime geschlossen werden könnten. (…) Die Lawine roll, das ist keine herbeigeredete Krise. Der Fachkräftemangel in der Pflege ist allgegenwärtig, Einrichtungen suchen händeringend nach Fachpersonal."

Auswirkungen des Fachkräftemangels bzw. ein Personalmangel in der Altenpflege haben unmittelbar negative Folgen für die Pflegebedürftigen. Ist nicht genug

---

[5]Hierbei gilt zu beachten, dass die Zahl der Pflegebedürftigen nicht vollständig die unterschiedliche demographische Entwicklung widergibt. Weitere wichtige Faktoren sind u. a. die Verfügbarkeit eines (bezahlbaren) Heimplatzes und/oder die Nähe zu Verwandten und Angehörigen (Pohl et al. 2012, S. 14).

[6]Zum zukünftigen Bedarf an Pflegekräften in Nordrhein-Westfalen und Sachsen siehe (Pohl 2011b; Pohl et al 2012; Statistisches Bundesamt 2010, S. 25 ff.). Die Auswirkungen des demographischen Wandels auf die Arbeitsmärkte in Niedersachsen und Bremen untersuchte Uwe Harten (2012); Analysen für das Bundesland Bayern finden sich bei Böhme et al. (2012). Generelle regionale Unterschiede lassen sich auf der Statistikseite der BA (www.statistik.arbeitsagentur.de) finden.

sachkundiges Personal vorhanden, können Aufgaben nicht wahrgenommen und die Pflegebedürftigen nicht adäquat versorgt werden. Diverse Medien berichten über gefährliche Pflege und Vernachlässigung, von Misshandlung und von menschlichen Dramen. Dies sind selbstverständlich Ausnahmen, sie sind aber auch ein Indikator für wenig und überlastetes Personal. Ein Mangel an examinierten Altenpflegern hat zunächst dramatische Folgen auf die betriebliche Mikro-Ebene. Denn er führt zunächst dazu, dass ein Pflegeheim oder ein ambulanter Pflegedienst seinen Aufgaben nicht mehr nachkommen kann. Die gesetzlich vorgeschriebene Quote von 50 % examinierten Altenpflegern (§ 5(1) HeimPersV, BMJ 2011) muss eingehalten werden und wird in regelmäßigen Abständen von der Heimaufsicht überprüft. Wird diese Fachkraftquote nicht erfüllt, verhängt die Heimaufsicht in aller Regel einen Aufnahmestopp für neue Bewohner, damit die vorhandenen Mitarbeiter weniger Bewohner zu betreuen haben. Wenn aber Heimplätze länger unbelegt bleiben, kostet das den Träger viel Geld und er kann ggf. nicht mehr wirtschaftlich rentabel arbeiten. Einrichtungen und Dienstleister der Altenpflege sind ohne die nötigen Fachkräfte nicht in der Lage, ihre professionelle Dienstleistung zu erbringen und geschäftsfähig zu bleiben.

Durch einen Fachkräftemangel sind Arbeitgeber u. U. sogar gezwungen, Mitarbeiter zu halten, deren Leistungen zu wünschen übrig lassen, um die vorgeschriebene Fachkraftquote einzuhalten. Denn die Leistungen der Pflegeversicherungen geben einen sehr engen Personalrahmen vor, für mehr oder gar einen Überhang von qualifiziertem Personal fehlt oftmals schlicht das Geld.

Außerdem hat der Fachkräftemangel Auswirkungen auf die gesellschaftliche Makro-Ebene. Wenn sozialpolitische Aufgaben nicht mehr erfüllt, Pflegebedürftige nicht mehr gepflegt werden können, tangiert dies gesellschaftliche Themen bis hin zur Frage, wie die Altenpflege der Zukunft aussehen kann und soll.

Lehrplan/Lehrstrategie 4

4.1 Arbeitsmaterialien

4.1.1 Case-Study-Text

Der kompakte Text der Case Study ist die Grundlage für die Bearbeitung der Leitfragen und die Erarbeitung der Lernziele. Er gliedert sich in mehrere Kapitel, in denen die zentralen Themen bearbeitet werden: Zunächst wird die aktuelle Lage (Fachkräftemangel, Zeitdruck) verdeutlicht. Daran schließt sich die Schilderung des Hauptschauplatzes an, der ruhig gelegene „Sonnenhof" im ländlichen Wietingen. Die Protagonistin Maria Menkel wird in ihrer Rolle als Einrichtungsleiterin vorgestellt, der Leser erfährt in den folgenden Kapiteln vieles über ihre bisherigen Strategien der Personalrekrutierung und -bindung. Diese werden in direkten Vergleich gestellt zu zwei anderen Heimleiterinnen (Sylvia Harms und Rebekka Osterlohe), die offensichtlich mehr Erfolg haben in Bezug auf ihr Personalmanagement. Zusätzlich werden gesellschaftliche und volkswirtschaftliche Themen wie der demographische Wandel und gesellschaftliche Veränderungen angesprochen.

Variabel einsetzbar sind zwei Textteile, die je einen speziellen Verwendungszweck haben: Eine Stellenanzeige des „Sonnenhofs", die als Negativbeispiel für die „externe" Arbeitgeberattraktivität, also für potenzielle Mitarbeiter, dient (siehe Anhang, Abb. 6.1). Und der Praxisbericht einer jungen Frau, die im Rahmen des Bundesfreiwilligendienstes im „Sonnenhof" arbeitet (siehe Anhang, Kap. 6). Dieser Bericht soll – neben den Passagen im restlichen Text – verdeutlichen, wie wenig attraktiv die Einrichtung als Arbeitgeber für die aktuellen Mitarbeiter ist.

4.1.2 Werkzeuge

Die Werkzeuge stellen die Arbeitsanleitung für die Studierenden dar. Durch sie werden grundlegend die Relevanz des Themas und der Fallstudienarbeit erläutert. Des Weiteren enthält sie Anweisungen, wie die Case Study zu bearbeiten ist. Einschränkend ist anzumerken, dass den Werkzeugen nur ein Vorschlag angeboten wird. Die konkrete Ausgestaltung der Fallstudienarbeit verbleibt selbstverständlich beim Dozierenden und wird wesentlich erleichtert durch die Arbeitsblätter und den Anhang, die zusammen ein in sich fertiges Paket ergeben und je nach Fokus der Lehrveranstaltung bereits so angewendet werden können. Die Working Note enthält somit die Aufgabenstellung(en) zur Fallbearbeitung sowie abwechslungsreiche Arbeitsmaterialien.

4.2 Lehrstrategie

In der Bearbeitung der Case Study soll ein kontinuierlicher Kreislauf aus Aktion und Feedback existieren. Sie integriert die drei Arten des Lernens nach dem „Lancaster Model": Wissensinput, Entdecken und Reflektion (Heath 2006, S. 5). Die Idee ist, diese zu einem Lernzirkel zusammenzufügen – die Bearbeitung der Fallstudie läuft daher in mehreren Sequenzen ab. Das Prinzip dabei ist immer: Analysieren, Erarbeiten, Präsentieren, Diskutieren und Bewerten (siehe Abb. 4.1).

Hintergrund dieses Ablaufs sind konstruktivistische Lehr- und Lernansätze. Diesen zufolge lernen Menschen vor allem das, womit sie sich selbst intensiv auseinandersetzen. Um dieses Ziel zu erreichen, muss das Interesse der Bearbeiter geweckt werden, denn entscheidend ist der Wille zu lernen.

Außerdem lernen Menschen am besten, wenn sie frei sind, um eigene Gedanken und Antworten zu entwickeln. Diese Antworten sollten vorher nicht bekannt sein, um den Lerneffekt möglichst hoch zu halten. Die Rolle des Lehrenden liegt dementsprechend nicht darin, fertige Antworten anzubieten. Er sollte vielmehr mithilfe von Fragen und Materialien die Diskussion leiten. Hierzu geben die Aufgabenblätter gute Vorgaben, die selbstverständlich je nach Bedarf ergänzt/erweitert werden können. Eine umfangreiche Sammlung verschiedener Texte und Materialien findet sich im Anhang (Kap. 6).

Die größten Lerneffekte werden erreicht, wenn die Bearbeiter durch die Case Study auch emotional angesprochen werden. Das versucht die Case Study, indem private Probleme, Konflikte und zwischenmenschliche Spannungen aufgezeigt werden. Denn: Lernen ist eine sehr emotionale Angelegenheit (Heath 2006, S. 9).

4.2 Lehrstrategie

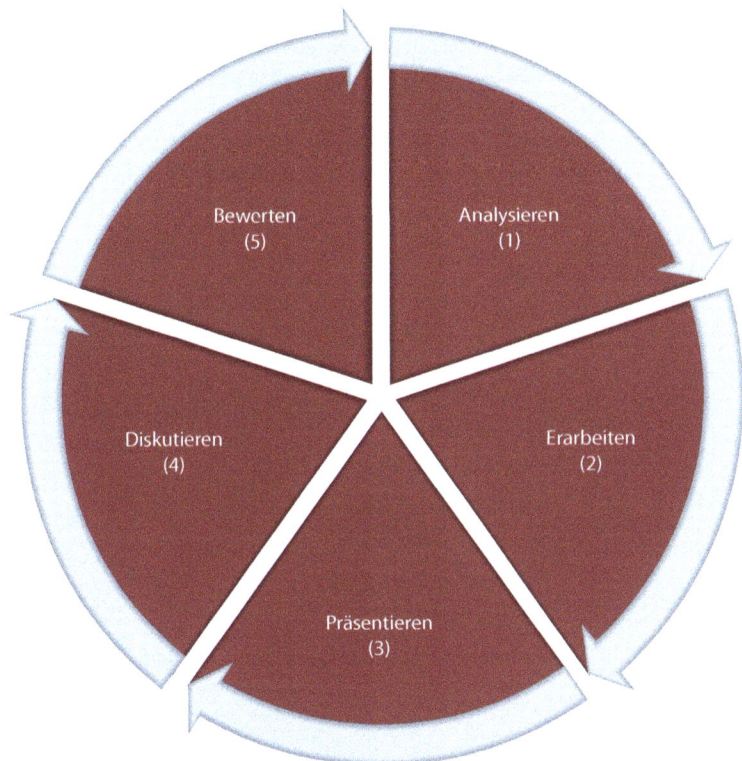

Abb. 4.1 Arbeitszirkel der Case Study

4.2.1 Lehrplan in Phasen und als Werkzeugkasten

Der große Vorteil der Arbeit mit Case Studies, die Anwendung von theoretischem Wissen auf die Praxis mit der Möglichkeit des Experimentierens, kann nur ausgeschöpft werden, wenn genug Raum und Zeit für eine intensive Auseinandersetzung mit dem Fall gegeben sind. Darauf sollte, unabhängig von den Gewohnheiten und Anforderungen mancher Bearbeiter nach Anleitung und Komplexitätsreduktion, unbedingt geachtet werden. Deshalb sollte den Bearbeitern in der Einführungsphase das hinter der Fallstudienarbeit liegende Lehr- und Lernkonzept erläutert werden.

Die Arbeit an Case Studies folgt stets demselben Ablauf und orientiert sich in ihrer Logik an dem in Abb. 4.1 dargestellten Arbeitszirkel. Dem vorgeschaltet sind drei Phasen: Kick-off, Einführung und Sensibilisierung. Darauf folgen die Schritte des Arbeitszirkels: Analyse, Erarbeitung, Präsentation, Diskussion und Bewertung. Dementsprechend baut sich der allgemeine Lehrplan für die Case Study „Wer pflegt uns in Zukunft?" auf wie folgt:

Die Lehrpläne für einzelne Aspekte bzw. Module sind immer in Phasen aufgebaut (siehe Tab. 4.1). Diese Phasen werden detailliert in Tab. 4.2 bis Tab. 4.9 vorgestellt.

Tab. 4.1 Schema des Lehrplans

Phase	Name
I	Kick-off
II	Einführung
III	Sensibilisierung
IV	Analyse & Bearbeitung des Falls
V	Erarbeitung von Lösungsstrategien (konkrete Einzel- oder Gruppenaufgaben)
VI	Präsentation & Diskussion
VII	(Lernzielkontrolle)
VIII	Evaluation & Dokumentation der Veranstaltung

Tab. 4.2 Phase I

Phase I: Kick-off	
Kurzbeschreibung	Lernziele
Ablauf der Veranstaltung erläutern & sicherstellen	
Um eine möglichst effektive Lernveranstaltung durchzuführen, sollten im Vorfeld der Fallstudienarbeit möglichst viele organisatorische Informationen bereitgestellt werden. Dazu gehören Informationen bzgl. Ablauf, Arbeitsaufwand und Leistungsanforderungen.	
Bei E-Learning-Veranstaltungen ist es wichtig, die Zugänge zur E-Learning-Plattform sicherzustellen, technische Details und Fragen zu klären und die verwendeten Tools vorzustellen.	
Methodik Vortrag, Präsentation	Kommunikationsmedium Plenum E-Learning Plattform Video

4.2 Lehrstrategie

Tab. 4.2 (Fortsetzung)

Phase I: Kick-off

Aufgaben Dozent	Aufgaben
Infomails, evtl. Vorbereitung eines Videos,	Studierende/
	Bearbeitende
Materialien	Kommunikations-
	medium

Tab. 4.3 Phase II

Phase II: Einführung

Kurzbeschreibung	Lernziele
Erwartungsabfrage, Einführung zu Case Studies Für größtmögliche Lernerfolge und Zufriedenheit mit der Lehrveranstaltung sollten die Erwartungen der Studierenden an die Fallstudienarbeit im Vorfeld geklärt werden. Das Wissen zu und über Fallstudien ist sehr unterschiedlich, oftmals werden hiermit wissenschaftliche Einzeluntersuchungen assoziiert. Um die Fallstudienarbeit möglichst effektiv werden zu lassen, sollte den Studierenden in der Einführungsphase das hinter der Fallstudienarbeit liegende Lehr- und Lernkonzept erläutert werden.	Was sind Fallstudien? Welchen Nutzen haben sie? Wie erfolgt die Bearbeitung?
Methodik	Kommunikationsmedium
Aufgaben Dozent	Aufgaben Studierende/Bearbeitende
Materialien Teaching Note	Kommunikationsmedium

4.2.2 Zeitlicher Umfang

Um der Komplexität der Case Study, der zugrundeliegenden Themen und letztlich auch der Fragestellungen gerecht zu werden, wurde die Case Study für eine umfangreiche Bearbeitung in einem mehrstufigen Prozess von bis zu 150 Stunden Arbeitsaufwand (für Studierende 5 ECTS) konzipiert. Dieser mehrstufige Prozess sollte

Tab. 4.4 Phase III

Phase III: Sensibilisierung	
Kurzbeschreibung Anknüpfen an vorheriges Wissen Theorie Je nach Lehrformat, Einsatzkontext und Zielpublikum kann sich das Vorwissen in Bezug auf das zu behandelnde Schwerpunktthema stark unterscheiden: So sind BWL-Studenten stärker mit dem Thema Personalbindung vertraut als bspw. mit arbeitsmarktpolitischen Inhalten	Lernziele Einordnen des Kenntnisstandes Vorhandenes Wissen auffrischen bzw. reaktivieren Für das Ziel der Lernveranstaltung elementare Vermittlung wissenschaftlicher Theorie und Forschungsergebnisse?
Methodik Brainstorming	Kommunikationsmedium Vortrag im Plenum
Aufgaben Dozent Vortrag, Rekurs auf vorherige Lehrveranstaltungen, Abfrage des bisherigen Wissensstands	Aufgaben Studierende/Bearbeitende Vorbereitung auf den Kurs (Selbststudium:), aktive Mitarbeit, Nachbereitung des Gehörten
Materialien Literatur im Reader	

Tab. 4.5 Phase IV

Phase IV: Analyse & Bearbeitung des Falls	
Kurzbeschreibung Lektüre des Falls	Lernziele Überfachliche Lernziele: Analyse
Methodik	Kommunikationsmedium
Aufgaben Dozent	Aufgaben Studierende/Bearbeitende Gründliche Analyse des Falls
Materialien Fallstudienunterlagen Working Note Aufgabenblätter	

4.2 Lehrstrategie

Tab. 4.6 Phase V

Phase V: Erarbeitung von Lösungsstrategien

Kurzbeschreibung Lektüre des Falls	Lernziele Überfachliche Lernziele: Analyse
Methodik	Kommunikationsmedium
Aufgaben Dozent	Aufgaben Studierende/Bearbeitende Entwicklung von für die Fragestellung des Seminars relevanten Strategien
Materialien Fallstudienunterlagen Reader	

Tab. 4.7 Phase VI

Phase VI: Präsentation & Diskussion

Kurzbeschreibung	Lernziele
Methodik Da Case Studies einen konkreten Transfer von der Theorie in die Praxis darstellen sollen, ist es äußerst sinnvoll die Ergebnisse der Studierenden direkt mit Partnern aus der Praxis diskutieren zu lassen. Diese sind Experten in ihrem Gebiet und können ein direktes Feedback zu den vorgeschlagenen Strategien geben (Machbarkeit, Umfang, Kosten…)	Kommunikationsmedium Plenum und Chat
Aufgaben Dozent Leitung der Diskussion Einladen relevanter Praxispartner	Aufgaben Studierende/ Bearbeitende
Materialien	

ausreichend Zeit für intensive Rechercheaufgaben und die Entwicklung eigener Ideen sowie deren fundierte Ausarbeitung, Diskussion und Bewertung beinhalten. Um die Thematik auch in anderen Lernkontexten zugängig zu halten, wurden weitere zeitliche Formate entwickelt. Diese reichen von einer halbtägigen Unterrichtseinheit (3 Stunden) über ein- und zweitägige Angebote (8 bzw. 16 Stunden) bis hin zu dreitägigen (24 Stunden) und dem schon angeführten 125-150-stündigen Format (siehe Tab. 4.10).

Tab. 4.8 Phase VII

Phase VII: Lernzielkontrolle

Kurzbeschreibung	Lernziele
Methodik	Kommunikationsmedium
Aufgaben Dozent Entwicklung einer Lernzielkontrolle Bsp.: Minifallstudie, 3 neue Heime in derselben schwachen Region. Aufgabe: Entwickeln Sie ein Personalkonzept Werbe-/Imagekampagne entwickeln Analyse der Marktsituation	Aufgaben Studierende/ Bearbeitende
Materialien	

Tab. 4.9 Phase VIII

Phase VIII: Evaluation & Dokumentation der Veranstaltung

Kurzbeschreibung	Lernziele
Methodik	Kommunikationsmedium
Aufgaben Dozent Dokumentation der beschlossenen Strategien, Zeitpläne etc., um die verfolgten Ziele nachhalten zu können. Es kann sehr interessant sein, die Erfolge der Fallstudienarbeit anhand messbarer Kriterien zu evaluieren.	Aufgaben Studierende/ Bearbeitende Welche der entwickelten Strategien führen zum Erfolg? Was ist praxistauglich?
Materialien	

4.2 Lehrstrategie

Tab. 4.10 Vorgeschlagener Lehrplan für verschiedene Unterrichtsformate

Phase	Name	Inhalt	XLP* / E*	L	M	S	XS
I	Kick-off	Infomails, Zugänge (Lernplattform, Leitfäden)	0 / 1	-	-	-	-
II	Einführung	Einführung zu Case Studies Erwartungsabfrage Organisatorisches	3 / 4	1,5	1	0,5	0,5
III	Sensibilisierung	Abfrage von Vorwissen Input zu Theorie	5–10	4	2	1	-
IV	Analyse & Bearbeitung des Falls	Lesen der CS anhand von Leitfragen Problemstrukturierung Problemidentifikation Hauptcharaktere & deren Rolle(n)... Suchen & Finden von Parallelen zur eigenen Realität	10	3	2	1	1
V	Erarbeitung von Lösungsstrategien (konkrete Einzel- oder Gruppenaufgaben)	Informationsbeschaffung	15–20	2	1	0,5	-
		Intensive Fallarbeit: Verknüpfung Theorie – Praxis	4	1	1	1	-
		Individuelle Erarbeitung von Strategien	8–10	2	1	0,5	-
		Exploration: Diskussion der indiv. Strategien	5	1	1	0,5	0,5
		Resolution: Kollektive Entscheidungsfindung	5	1	1	0,5	-
		Ausarbeitung der Lösungsstrategie (Ziele, Zeitplan...)	20	3	2	1	0,75

Tab. 4.10 (Fortsetzung)

Phase	Name	Inhalt	XLP* / E*	L	M	S	XS
VI	Präsentation & Diskussion	Erarbeiten de Präsentation	15–20	2	1	0,5	0,5
		Präsentation der Ergebnisse, Diskussion & Bewertung der Vorschläge	8	2	2	1	0,75
VII	(Lernzielkontrolle)		25–30	1	0,5	-	-
VIII	Evaluation & Dokumentation der Veranstaltung						
		Gesamter Zeitaufwand:	125–150	24	16	8	4

* P= Präsenz; E= E-Learning

Werkzeuge 5

Dieses Kapitel stellt in kurzer Form verschiedene Ansätze vor, wie einer aktuellen und/oder zukünftigen Fachkräfteproblematik auf betrieblicher Ebene begegnet werden kann (siehe Abb. 5.1). Dies sind im Wesentlichen alternative Methoden zur Rekrutierung von Mitarbeitern und die Steigerung der Attraktivität als Arbeitgeber. Überwiegend wird zu Abschnitten weiterführende Literatur angegeben, die den Studierenden für die Bearbeitung der Aufgaben zur Verfügung gestellt werden kann.

5.1 Alternative Möglichkeiten der Rekrutierung bzw. Personalgewinnung

Neben der „klassischen" Variante der Mitarbeiter-Rekrutierung, der Ausschreibung offener Stellen, lässt sich ein Personalbedarf über alternative Wege abdecken. Diese sind:

Kurzfristig können Freiberufler und Aushilfen mit Hilfe von Zeitarbeitsfirmen oder Vermittlungsagenturen eingesetzt werden. Der Vorteil liegt in ihrer Verfügbarkeit und der Möglichkeit, diese bei einem Personalüberhang wieder schnell freistellen zu können. Der Nachteil liegt darin, dass sie erst eingearbeitet werden müssen. Für das Stammpersonal bedeutet es oftmals eine zusätzliche Belastung, neue Kräfte einzuweisen und zu begleiten. Hinzu kommt ein Gefühl des Austauschbarseins, welches sich negativ auf die Bindung des Mitarbeiters an sein Unternehmen auswirkt.

Eine mittelfristige Alternative können Arbeitgeberzusammenschlüsse sein. Besonders kleine und mittelständische Unternehmen verfügen oft nicht über die Ressourcen für eine eigene Personalabteilung, die sich mit den genannten Herausforderungen befasst. Stattdessen ist Personal „Chefsache". In der Konsequenz

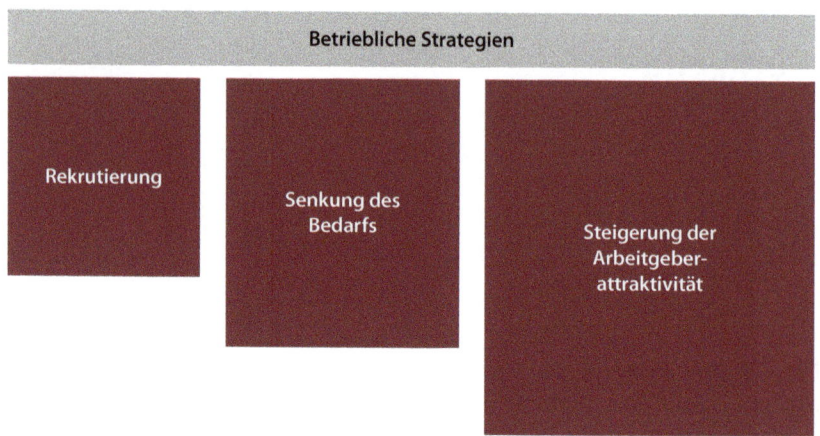

Abb. 5.1 Betriebliche Strategien

bedeutet dies kurze Entscheidungswege, aber auch nur begrenzte Ressourcen, weil das Alltagsgeschäft im Vordergrund steht. Für diese Unternehmen, z. B. solche der Pflegebranche, kann sich ein Zusammenschluss mit anderen Unternehmen derselben Branche lohnen.

Weiterführende Literatur: Festing et al. 2012; Hertwig und Kirsch 2013; Osthoff et al. 2011; Suder et al. 2011

Mittel- bis langfristig kann ein Bedarf an Fachkräften auch durch die Erschließung bisher ungenutzter Mitarbeiterpotenziale gedeckt werden. Soziale Berufe sind stark weiblich geprägt, mit einem Anteil von 84,4 % trifft dies besonders auf die Altenpflege zu. Der Vielfalt im Unternehmen sicherlich zuträglich und eine interessante Quelle für neue Mitarbeiter können daher die Gruppen Männer, Ältere und Menschen mit Migrationshintergrund sein (IAB 2011; Statistisches Bundesamt 2011)

5.2 Senkung des Fachkräftebedarfs

Neben einem „Mehr" an Fachkräften und der Frage, wie zusätzliches Personal rekrutiert werden kann, gilt es auch zu überlegen, wie der Bedarf nach Fachkräften gesenkt werden kann.

Dies lässt sich erreichen durch mehr Effizienz: Ganz allgemein spricht wenig dagegen, Arbeitsprozesse immer wieder auf Effizienz und Effektivität zu überprüfen. Ein guter Weg hin zu mehr zeitlicher und finanzieller Effizienz in Unternehmen ist ein hohes Qualifikationsniveau. Besonders in personennahen Dienstleistungen aber sind knappe finanzielle und zeitliche Ressourcen der Zielerfüllung nicht dienlich. Daher sei an dieser Stelle auf neue, innovativere Ansätze eingegangen.

Hier wäre zunächst der fachgerechte Einsatz bereits angestellter Fachkräfte zu nennen. Hochqualifizierte Mitarbeiter übernehmen oftmals Aufgaben, für die sie nicht eingestellt wurden und für die sie auch überqualifiziert sind. Das ist einerseits ineffizient, andererseits wirkt es sich demotivierend auf die Fachkräfte aus, weil sie sich unterfordert fühlen. Diese Demotivation beeinflusst stark die Attraktivität ein Arbeitsplatzes bzw. Arbeitgebers.

Zusätzlich kann eine Ausweitung der Arbeitszeit ihren Beitrag leisten. Diese geht i. d. R. auch mit einem höheren Gehalt einher und ist dadurch reizvoll für viele Beschäftigte: Fast die Hälfte der teilzeitbeschäftigten und zwei Drittel der geringfügig beschäftigten Frauen möchten potenziell länger arbeiten, dies ist in einer weiblich geprägten Branche wie der Altenpflege besonders von Relevanz. Eine Ausweitung der Arbeitszeiten für Frauen bedarf allerdings unterschiedlicher Maßnahmen, die im Wesentlichen auf eine verbesserte Vereinbarkeit von Familie und Beruf abzielen.

Weiterführende Literatur: Böhme et al. 2011, S. 1.

Stadtteilhäuser zielen auf und stehen stellvertretend für eine Änderung der Betriebsform. Die Idee der Stadtteilhäuser kann in Bremen beobachtet werden und als innovativen Ansatz bewertet werden, der zumindest im Bereich der Altenpflege potenzielle Fortschritte in Bezug auf einen effizienten Betrieb birgt. Die Idee ist in den Stadtteil integriert und bietet einen Treffpunkt für Jung und Alt.

5.3 Was zeichnet einen attraktiven Arbeitgeber aus?

In diesem Kapitel wird kurz erläutert, welche Merkmale ein attraktiver Arbeitgeber aufweisen muss. Die Analyse der Fallstudie hinsichtlich der Attraktivität des Sonnenhofs und Frau Menkel als Arbeitgeber folgt im nächsten Kapitel.

Die Attraktivität von Arbeitgebern wird wesentlich beeinflusst durch Faktoren, die sich den folgenden drei Bereichen zuordnen lassen:

Das Unternehmen/die Einrichtung: Hierunter fallen alle Einflussfaktoren, die unmittelbar mit dem Gesamtunternehmen bzw. der Einrichtung verbunden sind, oder von diesem gestaltet werden. Hierzu zählen u. a. die Unternehmenskultur, Anreizsysteme und Maßnahmen des Personalmanagements sowie die Familienfreundlichkeit.

Führung & Team: Das Verhalten von Führungskräften und Mitarbeitern, das soziale Miteinander innerhalb eines Unternehmens, wirken sich stark auf die Attraktivität als Arbeitgeber aus – zunächst bei Mitarbeitern, die schon im Unternehmen sind und bei denen das erklärte Ziel eine Bindung an das Unternehmen ist. Aber auch für potenzielle Mitarbeitende, denn Interessenten stellen sich oft die Frage: „Wie ist die Arbeit in dieser Einrichtung? Werde ich von Kollegen und Vorgesetzten mit Respekt behandelt?"

Die beste Werbung, das beste Mittel um als Arbeitgeber/Unternehmen attraktiv zu sein für potenzielle neue Mitarbeiter, sind die eigenen Mitarbeiter. Sind diese stark an das Unternehmen gebunden, reden sie gut über dieses und machen damit indirekt Werbung für den Arbeitsplatz. Dies ist insbesondere für solche Unternehmen von Wichtigkeit, die ihre Mitarbeiter vorranging auf dem regionalen Arbeitsmarkt rekrutieren. Eine sehr wichtige Rolle bei der Attraktivität von Arbeitgebern kommt den Führungskräften und ihrem jeweiligen Führungsverhalten zu. Die Forschung zeigt, dass Führungspersonen in starkem Maße die Zufriedenheit, Motivation und Gesundheit ihrer Mitarbeiter/-innen beeinflussen.

Das psychologische Klima in Teams: Es beeinflusst maßgeblich das Wohlbefinden und die Arbeitsleistung von Mitarbeitern. Konflikte und Unstimmigkeiten unter Kollegen untergraben die Motivation, das Engagement der Teammitglieder und ihre Bindung an das Unternehmen. Hierzu tragen teambildende Maßnahmen und die Förderung einer offenen Kommunikation bei. Dies führt auch zu einer Verbesserung der Zusammenarbeit zwischen den Fachgruppen eines Betriebes, hilft Fehler zu vermeiden und steigert den Wissens- und Erfahrungsaustausch zwischen (älteren und jüngeren) Mitarbeitern.

Arbeitsbedingungen: Handlungsspielräume und Vielseitigkeit der Aufgaben, Arbeitsbelastung und Bezahlung: Gerade die Bezahlung ist ein nicht unerheblicher Faktor im Wettbewerb um die besten Mitarbeiter und kann darüber entscheiden, für welches Unternehmen sich eine Person entscheidet und ob sie in diesem Unternehmen bleibt. Dabei muss die Bezahlung vor allem als fair im Verhältnis zur erbrachten Leistung und im Vergleich mit anderen Mitarbeitern bewertet werden.

Mitarbeiter können auch emotional (affektiv) an ihren Arbeitgeber gebunden werden. Dies kann durch zielgerichtete und zum Teil auch anspielende Werbung für das gesamte Unternehmen oder auch durch personalisierte Dinge des

Arbeitsalltages wie eine belabelte Bäckertüte oder Tassen mit einem Firmenlogo erfolgen.

Weiterführende Literatur: Schumacher 2012

5.4 Analyse des Falls

Dieses Kapitel zeigt, inwiefern der Sonnenhof ein attraktiver Arbeitgeber ist. Es soll als Hilfe bei der Analyse einiger Merkmale eines attraktiven Arbeitgebers dienen und für einen optimalen Einsatz der Werkzeuge dienen.

Dabei werden immer die Textpassagen genannt und eine kurze inhaltliche Zusammenfassung gegeben. Nach den Textpassagen zur Problemdefinition werden die bisherigen Bemühungen aufgezählt. Darauf folgt die Analyse des Textes hinsichtlich der Attraktivitätsmerkmale eines Arbeitgebers, die in der Fallstudie vorkommen.

5.4.1 Das Problem

Die Tab. 5.1 widmet sich der Problemdefinition.

5.4.2 Bisherige Bemühungen

Die Tab. 5.2 listet die bisherigen Bemühungen auf.

Tab. 5.1 Das Problem

Problem	Inhalt
Fachkräftemangel	50 % der Pflegekräfte müssen Examinierte sein
Zeitdruck	Hat Überhang an Fachkräften auf Mindestmaß reduziert
Zeitdruck	Nur drei Monate Zeit
	Großer zeitlicher Druck
	Kann politische Entwicklungen nicht abwarten
Zwang, die Einrichtung auszulasten	Finanzieller Druck wg. Umbau, freie Plätze bereits zugesagt

Tab. 5.2 Bisherige Bemühungen

Bemühungen	Inhalt
Stellenanzeige	Negativbeispiel
	Stellenanzeige bleibt ohne Erfolg
Wendet sich an BA	Kann kurzfristig nicht helfen. „Arbeitsmarkt wie leer gefegt"
Teilnahme an Arbeitsgruppe der BA	Unterschiedliche Auffassung der Problemlösung
Nicht: Berufsmesse	Keine Ressourcen, um auf der Messe zu werben
Nicht: Eigene Ausbildung	Bildet aus Kostengründen nicht selber aus.

5.5 Merkmale attraktiver Arbeitgeber

Dieses Kapitel listet einige Faktoren auf, die einen attraktiven Arbeitgeber aus Sicht der Mitarbeiter ausmachen können, und zeigt, wo sie sich im Fallstudientext finden. Diese Faktoren lassen sich drei Bereichen zuordnen: Einrichtung, Führung & Team sowie den Arbeitsbedingungen.

5.5.1 Unattraktive Eigenschaften des Sonnenhofs

Die Tab. 5.3 beleuchtet näher, was aus Sicht der Mitarbeiter die unattraktiven/negativen Merkmale des Sonnenhofs sind.

Tab. 5.3 Unattraktive Eigenschaften des Sonnenhofs

Einrichtung	Inhalt
Lage	Schilderung der Region: Ländlich, agrarwirtschaftlich, dünn besiedelt schlechte Anbindung an ÖPNV,
Personalstruktur	Wenige Pfleger
	Viele ältere MA
	Krankheit einzelner MA führt dazu, dass Kollegen einspringen müssen

5.5 Merkmale attraktiver Arbeitgeber

Tab. 5.3 (Fortsetzung)

Einrichtung	Inhalt
Dienstplan	Keine Flexibilität
	Verlässlichkeit: Krankheit einzelner MA führt dazu, dass Kollegen einspringen müssen
Weiterbildungsmöglichkeiten	Weiterbildung nur bei Urlaub oder Überstundenausgleich
Betriebliches Gesundheitsmanagement	Schuldzuweisung bei Krankheit
	„kleiner Husten ist kein Weltuntergang"
Familienfreundlichkeit	Negative Äußerung darüber, dass G. Seilers Kind krank ist
Eigene Ausbildung	Nein: keine Zeit, Kosten
	Keine Teilnahme an Berufsbildungsmesse
Innovativität	Kein Anspruch auf technologische Investition
Führung & Team	Betriebsrätin verliert Vertrauen in Führung und kündigt
Menschenbild der Führung	Kontrolle der Arbeit, jeden Tag
	negativ: „Wer krank machen will, tut das auch"
Offener & respektvoller Umgang mit MA	Andere Meinung führt zu negativen Konsequenzen
	„Lästern" über kranke Mitarbeiter
	Frau Seilers Anmerkungen wurden ihr zum Nachteil
Teamgeist	„Manchmal habe ich das Gefühl, dass die sich gegenseitig im Stich lassen"
	Organisiert Mitarbeiter-Feste
Bezahlung	Zahlt strikt den gesetzl. Mindestlohn, kein Belohnungssystem/Beförderungssystem für verdiente Mitarbeiter
Einsatz der Fachkräfte	Aufgabenstruktur: „Depp für alles"
	nicht nur qualifikationsgerechter Einsatz
Keine Flexibilität bei Schichtdienst	Feste Schichten
Feste Arbeitsabläufe, keine Flexibilität	Schichtprogramm stößt auf den Unmut der MA
Arbeitsbelastung	MA sind überlastet, das führt zu Fehlern bei der Dokumentation und Übergabe von Medikamenten
	Bericht der BFDlerin

Anhang 6

Stellenanzeige: Negativbeispiel Ein Negativbeispiel, wie eine Stellenzeige nicht verfasst werden sollte, zeigt die Abb. 6.1.

Praxisbericht: BFDlerin Manuela Steis, 20 Jahre alt

Im Seniorenheim arbeiten wir im Schichtdienst. Wenn ich Frühschicht habe, fange ich um 6.00 Uhr mit der Schichtübergabe an. Die Kolleginnen und Kollegen von der Nachtschicht berichten dabei, was in der Nacht passiert ist, und zeigen uns das Übergabebuch. Hier tragen wir alle wichtigen Ereignisse ein, z. B. wenn ein Bewohner krank geworden ist.

Gegen 6.30 Uhr beginne ich meine Morgenrunde durch das Seniorenheim und fange an, die Bewohner für die ich zuständig bin, auf das Frühstück vorzubereiten. Dafür hat jeder Mitarbeiter einen festen Tourenplan, auf dem steht, wann unsere Bewohner aufstehen und frühstücken wollen. Entsprechend dem Plan helfe ich den Menschen nacheinander beim Aufstehen, Waschen und Anziehen. Einige Senioren muss ich aus dem Bett heben, ihnen beim Zähneputzen, Baden oder Kämmen und genauso beim Toilettengang helfen. Die bettlägerigen bzw. nicht mobilen Bewohner werden von mir gewaschen, angekleidet und im Rollstuhl in den Speiseraum gefahren. Einige benötigen vor jedem Essen eine Insulinspritze, die ich ihnen gebe. Eigentlich dürfen wir BFDler das nicht, aber nach einer kurzen Anleitung ist das nicht so schwer. Die Examinierten haben sowieso keine Zeit für solche Aufgaben, die wir auch locker übernehmen können. Zwischen 8.00 und 9.00 Uhr wird dann das Frühstück ausgegeben. Wo es nötig ist, helfen wir den Bewohnern beim Essen.

Danach fange ich an, die Zimmer aufzuräumen und die Betten neu zu beziehen. Alles folgt dem Zeitplan; wenn man ihn nicht einhalten kann, kommt man

> **Wir suchen**
>
> Das Haus Sonnenhof sucht zum nächstmöglichen Zeitpunkt mehrere
>
> **Examinierte Pflegekräfte (m/w)**
>
> in Voll- und Teilzeit für den Tag- und Nachtdienst, zunächst für die Dauer von sechs Monaten. Eine Verlängerung des Arbeitsverhältnisses ist u.U. möglich.
>
> Sie sind exam. Altenpfleger/in bzw. Krankenpfleger/-schwester mit Berufserfahrung in diesem Bereich. Aufgabenschwerpunkte sind die Betreuung, Beratung und Pflege von hilfsbedürftigen älteren Menschen.
> Um den dienstlichen Anforderungen gerecht zu werden, sollten Sie zeitlich flexibel sein. Der Arbeitsort ist zu den Arbeitszeiten nur schwer mit öffentlichen Verkehrsmitteln zu erreichen, PKW und Führerschein sind daher dringend erforderlich. Sie erwartet ein flexibles Arbeitsumfeld in einem hochmotivierten Team.
>
> Das Entgelt richtet sich nach der jeweiligen Qualifikation, Fort- und Weiterbildungen sind nach Absprache mit dem Arbeitgeber möglich.
> Schwerbehinderte Bewerber/innen haben bei im Wesentlichen gleicher fachlicher und persönlicher Eignung den Vorrang. Es werden ausdrücklich auch Bewerber/innen mit Migrationshintergrund angesprochen.
> Interessiert? Vielleicht passen gerade Sie zu uns. Wir erwarten Ihre aussagekräftigen Bewerbungsunterlagen!
>
> | Haus Sonnenhof | Tel: 04113 – 2650 |
> | Bachstr. 7b | Fax: 04113 – 2651 |
> | 23582 Wietingen | www.sonnenhof-altenheim.de |

Abb. 6.1 Stellenanzeige „Examinierte Pflegekräfte"

sehr schnell in Zeitstress. Gegen 10.00 Uhr haben wir Pause, danach bereiten wir die Bewohner auf das Essen vor.

Das gibt es um 11.30 Uhr. Wir BFDlerinnen bzw. Helferinnen teilen wieder das Essen aus und spritzen Insulin, während ein examinierter Altenpfleger die Medikamente austeilt. Nach dem Essen helfen wir den Bedürftigen zur

Mittagsruhe. Während die Bewohner ihren Mittagsschlaf halten, habe ich Zeit, um Büroarbeiten zu erledigen und meine Arbeitsschritte zu dokumentieren. Das ist immer sehr viel Arbeit, die eigentlich keiner gern übernimmt. Mit den Kolleginnen mache ich dann noch neue Tagespläne für die Bewohner, bestelle Medikamente, vereinbare Arzttermine oder telefoniere mit Angehörigen.

Nach der Mittagsruhe beginnt der Spätdienst. Das Ende der Frühschicht überschneidet sich mit dem Beginn der Spätschicht, um in den Zeiten, wo viel zu tun ist (z. B. bei den Mahlzeiten oder der Körperpflege), mehr Personal bereit zu halten. Gegen 14.30 Uhr gibt es dann Kaffee. Bis zum Abendessen um 17.30 Uhr haben die Bewohner die Möglichkeit, Besucher zu empfangen oder wir animieren sie zu beschäftigungstherapeutischen Tätigkeiten wie Singkreis oder Basteln.

Nach dem Essen um 18.30 Uhr bringen wir die Bewohner auf das Zimmer, kleiden sie aus und waschen sie, um sie für die Nachtruhe vorzubereiten. Wir führen noch zwei Rundgänge durch bis 20.30 Uhr, wo wir an die Nachtwache übergeben. Bevor meine Schicht endet, treffe ich mich zur Übergabe mit den Altenpflegerinnen, die die Nachschicht übernehmen. Ich berichte ihnen, was heute passiert ist, und zeige ihnen, was ich in das Übergabebuch eingetragen habe.

In einer Fünf-Tage-Woche arbeite 7,7 Stunden täglich, das sind dann 38,5 Stunden in der Woche. Eine Nachschicht ist meistens deutlich länger und muss im Anschluss durch Freizeit ausgeglichen werden. Meine Arbeit muss immer dokumentiert werden. Der Computer zählt deshalb neben Blutdruckmessgerät und Fieberthermometer zu meinen wichtigsten Arbeitsmitteln.

Besonders toll finde ich die Dankbarkeit der Senioren. Ich habe gemerkt, dass ich bei der Arbeit etwas verändern und Menschen helfen kann. Und wenn ich ihnen nur ein bisschen Freude mache, indem ich nachmittags Spiele mit ihnen spiele oder einen Spaziergang mache und mich mit ihnen unterhalte, war mein Tag schon erfolgreich.

Die Arbeit selbst ist sehr anstrengend. Um die alten Menschen zu heben bzw. zu unterstützen, ist viel Kraft nötig. Wir haben nicht so viel Zeit dafür, auch mal länger bei einer älteren Dame sitzen zu bleiben und einfach mit ihr zu reden. Tragisch ist es immer für mich, wenn Bewohner sterben. Das ist immer sehr traurig, weil ja auch immer eine Beziehung zu den Menschen aufgebaut wurde. Mitunter nervig ist es, wenn Angehörige kommen und meinen, alles besser zu wissen.

Der Arbeitsalltag ist gut strukturiert und jeder weiß immer, was zu tun ist. Dabei hilft auch, dass im Sonnenhof jeder Mitarbeiter fest auf die einzelnen Bewohner zugeteilt ist und als Ansprechpartner für eine umfassende Betreuung zuständig ist. Leider ist im Sonnenhof das Personal sehr knapp und dadurch ist der Stressfaktor sehr hoch; schließlich muss jeder Bewohner angemessen versorgt und betreut werden. Insgesamt macht die Arbeit aber sehr viel Spaß und ich konnte bisher viel lernen für mich und meine Zukunft. Ob ich auch in Zukunft in der Pflege arbeiten will, kann ich wegen der harten Arbeit, dem stressigen Schichtdienst und der Bezahlung nur schwer sagen.

(Quellen: Boyng.de 2012; Planet-Beruf.de 2012)

Glossar

Arbeitskräftenachfrage Setzt sich zusammen aus Erwerbstätigen und unbesetzten Stellen.

Arbeitslosigkeit Arbeitslos ist, wer Arbeit sucht, unter 65 Jahre alt ist, momentan weniger als 15 Stunden in einem Beschäftigungsverhältnis steht, nicht Schüler/Student/Teilnehmer an beruflicher Weiterbildung ist und sofort zur Arbeitsaufnahme zur Verfügung steht. Als langzeitsarbeitslos gilt, wer ein Jahr und länger arbeitslos gemeldet ist.

Bundesfreiwilligendienst (BFD) Der BFD ist ein Angebot an Frauen und Männer jedes Alters, sich außerhalb von Beruf und Schule für das Allgemeinwohl zu engagieren. Er entstand nach der Aussetzung des Zivildienstes und sollte die Folgen zumindest teilweise kompensieren. Alle nach dem Zivilgesetz anerkannten Dienststellen und -plätze wurden daher als Einsatzstellen und Plätze des BFD anerkannt, darunter auch Alten- und Pflegeheime. In der Regel dauert der Dienst zwölf Monate, mindestens jedoch sechs und höchstens 18 Monate. In Ausnahmefällen kann er bis zu 24 Monate geleistet werden. Die BFDler erhalten ein Taschengeld von höchstens 336 € pro Monat.

Employer Branding Markenbildung als attraktiver Arbeitgeber

Erwerbsfähiges Alter Von 15 bis Renteneintrittsalter

Erwerbspersonenpotenzial Umfasst generell die Gesamtzahl von Personen, die theoretisch in der Lage sind, einer Arbeit nachzugehen. Konkret sind das die Personen der 15- bis unter 65-Jährigen, die dem Arbeitsmarkt zur Verfügung stehen. Dies sind alle Personen, die bereits in Arbeit sind (Erwerbstätige) und solche, die arbeiten wollen, aber (noch) keine passende Stelle haben (Bäcker et al. 2010, S. 392 ff.).

Fachkräfte Eine Fachkraft ist allgemein eine Person, die eine gewerbliche, kaufmännische oder sonstige Berufsausbildung erfolgreich absolviert hat. Dass kann eine Lehre o. Ä., ein Abschluss als Meister, Techniker oder Fachwirt sein. Personen mit akademischem Grad werden seltener als Fachkraft bezeichnet. Fachkräfte müssen laut Verordnung (BMJ 2011b, §6) eine Berufsausbildung abgeschlossen haben, die Kenntnisse und Fähigkeiten zur selbständigen und eigenverantwortlichen Wahrnehmung der von ihnen ausgeübten Funktion und Tätigkeit vermittelt. Altenpflegehelfer, Krankenpflegehelfer sowie vergleichbare Hilfskräfte sind daher keine Fachkräfte im Sinne der Verordnung.

Fallstudien Fallstudien (Case Studies) sind eine anwendungsorientierte Lehr- und Lernmethode. Sie haben ihren Ursprung in den Rechtswissenschaften (Harvard Law School) und werden seit dem 19. Jahrhundert in der universitären Lehre eingesetzt. Die Lehrmethode ist mittlerweile fester Bestandteil diverser Disziplinen an zahlreichen anglo-amerikanischen Universitäten. In der europäischen bzw. deutschen Lehre sind Case Studies ein relativ neues Instrument.

Fallstudien sind detaillierte Beschreibungen komplexer, authentischer Managementsituationen, die eine Entscheidung, Herausforderung, Chance oder ein Problem für eine Organisation darstellen. Sie bieten den Studierenden die Möglichkeit, zuvor erlernte Konzepte und Theorien praxisnah anzuwenden, da sehr typische und exemplarische Herausforderungen dargestellt werden. In der Auseinandersetzung mit dem Fall leisten sie einen Lerntransfer, indem sie bereits erworbene Kenntnisse aus Theorie und eigener lebensweltlicher Erfahrung in ihren individuellen Problemlösungsvorschlag mit einbeziehen und mit neuen Lerninhalten verknüpfen. Eine Fallstudie fokussiert anhand von Einzelpersonen eine spezifische, kritische Situation und verdeutlicht, wie sich diese für die Schlüsselpersonen dargestellt hat. Wörtliche Zitate illustrieren, mit welchen Herausforderungen die Protagonisten konfrontiert waren, welche Handlungsalternativen diese wahrgenommen haben, über welche Informationen sie verfügten, unter welchem Zeitdruck sie standen und wie sie die Situation erlebt haben.

Fallstudien zeichnen sich durch eine lebendige, facettenreiche Schilderung aus, in der das Erleben und Verhalten sowie die situativen Einflussfaktoren und Gegebenheiten nachgezeichnet werden. Eine Fallstudie für die Lehre ist im Umfang kurz gehalten und gleicht in ihrem Schreibstil mehr einem Roman/ einer belletristischen Geschichte als einer wissenschaftlichen/analytischen Publikation.

Wissenschaftliche Theorien und Konzepte sind gut geeignet, unüberschaubare Phänomene der Praxis zu ordnen, zu analysieren und zu verstehen. Sie sind ein vereinfachtes Bild der Realität. Auf dieser Grundlage können sie dabei helfen, Problemgehalte zu identifizieren, Prognosen zu erstellen und Handlungsempfehlungen zu geben.

Die Arbeit mit Fallstudien wendet Theorien und Konzepte ganz konkret auf die Praxis an: Case Studies konfrontieren Studierende mit der Komplexität realer Problemstellungen in Organisationen (Unternehmen, Schulen, soziale und kulturelle Einrichtungen etc.). Die Studierenden versetzen sich in die Situation der Protagonistinnen und Protagonisten und versuchen, Lösungswege für die beschriebene Problemkonstellation zu entwickeln. Sie müssen ihr theoretisches Wissen auf reale Probleme anwenden und erfahren hierbei die Widersprüchlichkeit und Komplexität authentischer Managementsituationen (Stichwort: Problembasiertes Lernen). Fallstudien wecken durch den unmittelbaren Praxisbezug, ihre einfache Sprache und die direkten Handlungsanweisungen das Interesse der Studierenden, ihr Wissen in die Praxis umzusetzen. Die erzählerische und lebendige Form von Case Studies soll dazu motivieren, in die Geschichte und die Probleme „einzutauchen" und sich in die Akteure hineinzuversetzen. Sie haben einen sehr hohen Realitätsbezug von Fallstudien, da sie zahlreiche Daten und Hintergrundinformationen enthalten.

Aus didaktischer Sicht sind Fallstudien eine gute und sinnvolle Ergänzung zu konventionellen Vorlesungen: Neben fachlichen und interdisziplinären Lernzielen können durch Fallstudien insbesondere auch überfachliche Lernziele erreicht werden (z. B. Analyse-, Argumentations-, Diskussions- und Präsentationsfähigkeiten).

Sie schaffen zunächst ein konkretes Problembewusstsein, führen zu einem differenzierten Bild über mögliche Ursachen des zugrundeliegenden Problems und regen durch die ungewohnte Art zu denken dazu an, neue Ideen zu entwickeln.

Fachkräftemangel Allgemein kann von einem Arbeitskräftemangel auf einem regional abgegrenzten Arbeitsmarkt gesprochen werden, wenn die Zahl der benötigten Arbeitskräfte die Zahl der verfügbaren Arbeitskräfte dauerhaft übersteigt. In der betrieblichen Realität bedeutet das, dass es keine oder nur wenige Bewerbungen auf (bestimmte) offene Stellen gibt. Fachkräftemangel herrscht nach BA-Definition dann, wenn Stellen länger als im Durchschnitt unbesetzt bleiben und es weniger als 150 Arbeitslose pro 100 Jobangebote gibt – oder wenn es dort sogar weniger Arbeitslose als gemeldete Stellen gibt. Fachkräftemangel dagegen ist dadurch gekennzeichnet, dass Qualifikationsprofile bzw. Qualifikationspotenziale betriebsinterner und – externer Arbeitskräfte, die rein quantitativ durchaus im ausreichenden Umfang vorhanden sein können, nicht den Anforderungen der vorhandenen Arbeitsplätze genügen. Dabei kann es sich sowohl um formale Qualifikationen als auch um soziale Kompetenzen oder Zusatzkenntnisse handeln (IAB 2011, S. 6).

Heimaufsicht Die Heimaufsicht ist eine staatliche Stelle. Sie überprüft in den Pflegeheimen, ob die gesetzlichen Anforderungen an den Betrieb eines Heims (Bauvorschriften, Personalausstattung etc.) eingehalten werden, sie geht Beschwerden und Hinweisen nach und berät die Heime bei der Behebung festgestellter Mängel. Die Prüfungen finden in jedem Heim mindestens einmal pro Jahr statt. Die Heimaufsicht kann seltener prüfen, wenn ein Heim durch den MdK oder durch unabhängige Sachverständige geprüft worden ist (§ 15 (4) HeimG; BMJ 2011a). Die Zuständigkeit variiert je nach Bundesland; während im Saarland und in Berlin nur eine einzige Behörde die Heimaufsicht ausübt, sind in Niedersachsen die Landratsämter und Stadtverwaltungen zuständig.

Medizinischer Dienst der Krankenversicherung Der MdK überprüft jährlich die Qualität von ambulanten Pflegediensten und stationären Einrichtungen, stellt fest, ob die gesetzlich vorgeschriebenen Qualitätskriterien eingehalten werden und wo die Mängel herrschen. Die Prüfungen erfolgen grundsätzlich unangemeldet (SGB XI: § 114 ff.). Seit Herbst 2009 werden die Ergebnisse der Prüfungen mit den sog. „Pflegenoten" veröffentlicht, mit denen man einen ersten Eindruck über die Pflegequalität gewinnen kann.

Bei den Prüfern des MdK handelt es sich fast ausschließlich um Pflegefachkräfte (95,8 %). Über 60 % der Prüfer verfügen über eine Auditorenqualifikation, knapp die Hälfte der Mitarbeiter hat eine leitungsbezogene Qualifikation und 28,6 % der Mitarbeiter haben ein pflegeorientiertes oder ein anderes Studium absolviert. Darüber hinaus verfügen die Prüfer des MDK über umfangreiche Berufserfahrung, die ihnen bei der Ausübung ihrer Tätigkeit zugutekommt (MDS 2012, S. 13)

Pflegebedürftigkeit Pflegebedürftig sind nach § 14 elftes Sozialgesetzbuch (SGB XI) Personen, die „wegen einer körperlichen, geistigen oder seelischen Krankheit oder Behinderung für die gewöhnlichen und regelmäßig wiederkehrenden Verrichtungen im Ablauf des täglichen Lebens auf Dauer (...) in erheblichem oder höherem Maße (§ 15) der Hilfe bedürfen". In der Statistik werden die Personen erfasst, die Leistungen nach dem SGB XI erhalten. Je nach Schweregrad der Pflegebedürftigkeit wird zwischen drei Stufen unterschieden. Die Eingruppierung eines Pflegebedürftigen in eine dieser Pflegestufen ist an einem Kriterienkatalog gebunden, der Körperpflege, Ernährung, Mobilität und hauswirtschaftliche Versorgung umfasst.

In der Pflegestufe 1 werden erheblich Pflegebedürftige erfasst, die mindestens einmal täglich Hilfebedarf bei wenigstens zwei der Verrichtungen aus dem Bereich Körperpflege, Ernährung oder Mobilität haben. Zusätzlich werden mehrfach in der Woche Hilfen bei der hauswirtschaftlichen Versorgung benötigt. Ferner muss der Zeitaufwand wöchentlich im Tagesdurchschnitt mind. 89

Minuten betragen, wobei mehr als 46 Minuten auf die Grundpflege entfallen müssen.

In Pflegestufe 2 werden Schwerpflegebedürftige erfasst, die mindestens dreimal täglich Hilfebedarf bei wenigstens zwei der aufgeführten Verrichtungen haben. Darüber hinaus werden mehrfach Hilfen bei der hauswirtschaftlichen Versorgung benötigt. Der Zeitaufwand muss wöchentlich im Tagesdurchschnitt mindestens drei Stunden betragen, wobei mindestens zwei Stunden auf die Grundpflege entfallen müssen.

In Pflegestufe 3 sind schließlich Schwerstpflegebedürftige, die rund um die Uhr bei der Körperpflege, der Ernährung oder der Mobilität Hilfebedarf haben. Zusätzlich werden mehrfach in der Woche Hilfen bei der hauswirtschaftlichen Versorgung benötigt. Als Zeitaufwand müssen mindestens wöchentlich im Tagesdurchschnitt fünf Stunden benötigt werden, wobei auf die Grundpflege mindestens vier Stunden entfallen müssen.

Pflegestatistik Die Statistischen Ämter des Bundes und der Bundesländer veröffentlichen im Abstand von zwei Jahren die amtliche Pflegestatistik. Hierbei wird die Zahl der Pflegebedürftige (s. o.) gemäß Sozialgesetzbuch (SGB) XI ausgewiesen.

Pflegeversicherung Der Sammelbegriff fasst die Versicherung zur finanziellen Vorsorge gegen das Risiko der Pflegebedürftigkeit zusammen. In Deutschland sind alle krankenversicherungspflichtigen Personen pflegeversichert. Träger der Pflegeversicherung sind die Pflegekassen, die organisatorisch zu den gesetzlichen Krankenkassen gehören. Ob und in welchem Maße eine Person pflegebedürftig ist, entscheidet der Medizinische Dienst der Krankenkassen (MDK). Dieser legt auch die Zuordnung in bestimmte Pflegestufen (I-III) fest. Die pauschalierten Geld- und Sachleistungen bzw. die Kosten für Pflegekräfte sind ein Zuschuss zu den Kosten für die Pflege. Die finanzielle Unterstützung ist nach dem Schweregraf der Pflegebedürftigkeit gestaffelt. Für die stationäre Pflege in der Pflegestufe III liegen die monatlichen Leistungen der Pflegeversicherung seit 2012 bei 1550 € (siehe Anhang Kap. 6). In der ambulanten Pflege unterscheidet man Pflegegeld und Pflegesachleistungen: Bei Pflegesachleistungen erfolgt die Pflege durch einen ambulanten Pflegedienst. Mit dem Pflegegeld kann der oder die Betroffene die pflegerische Versorgung, z. B. durch Angehörige, selbst sicherstellen. Leistungen aus der PV gibt es seit 01.04.1995 für ambulant versorgte Pflegebedürftige, für stationäre Versorgte seit dem 01.07.1996.[1]

---

[1] Zur Entstehungsgeschichte der Pflegeversicherung siehe Butterwegge (2012, S. 149 ff.).

Schweinezyklus Ein in der Fachliteratur zum Arbeitsmarkt oft benutzter Begriff zur Erklärung eines bekannten Phänomens: Bei hohen Preisen für Schweinefleisch entscheiden sich viele Bauern, vermehrt Jungtiere aufzuziehen. Wenn diese dann alle gleichzeitig schlachtreif sind., entsteht ein Überangebot, das die Preise fallen lässt. Deshalb geben viele Züchter die Schweinezucht auf, was zeitverzögert wieder zu einem Mangel und damit zu hohen Preisen führt. Der Zyklus beginnt von vorn. Ähnlich verhält es sich am Arbeitsmarkt: Bei einem Fachkräftemangel werden bspw. Ingenieure ausgebildet. Sind diese alle arbeitsfähig, ist der Bedarf übergedeckt und viele Ingenieure bleiben arbeitslos (BPB 2006, S. 90)

Literaturverzeichnis

Arbeitgeberverband Pflege (2012) Pflegestationen wegen Fachkräftemangels vor der Schließung http://www.arbeitgeberverband-pflege.de/das-haben-wir-zu-sagen/detail.php?objectID=48 Zugegriffen: 09. Juli 2015

BA (2011) Hintergrundinformation – Aktuelle Fachkräfteengpässe in Deutschland. Analyse April 2011, Bundesagentur für Arbeit, Nürnberg

BA (2012) Hintergrundinformation – Aktuelle Fachkräfteengpässe in Deutschland. Analyse April 2012, Bundesagentur für Arbeit, Nürnberg

Bäcker G et al. (2010) Sozialpolitik und soziale Lage in Deutschland, Band 2: Gesundheit, Familie, Alter und Soziale Dienste. 5. Auflage, VS Verlag für Sozialwissenschaften, Wiesbaden

Birg H (2011) Soziale Auswirkungen der demografischen Entwicklung. In: Informationen zur politischen Bildung 282, S. 36–49

Bleniger P et al (2012) Können offene Stellen als Vorlaufindikator für Neueinstellungen dienen? IAB Forschungsbericht 4/2012, Institut für Arbeitsmarkt- und Berufsforschung, Nürnberg

BMG (2012a) Leistungsempfänger nach Altersgruppen und Pflegestufen am 31.12.2011. http://www.bmg.bund.de/fileadmin/dateien/Downloads/Statistiken/Pflegeversicherung/Leistungsempfaenger_insgesamt/Leistungsempfaenger-nach-Altersgruppen-und-Pflegestufen-insgesamt_120621.pdf. Zugegriffen: 09. Juli 2015

BMG (2012a) Leistungsempfänger der sozialen Pflegeversicherung am Jahresende nach Pflegestufen, 1995-2011

BMG (2012b) Zahlen und Fakten zur Pflegeversicherung (04/12). Bundesministerium für Gesundheit, Bonn

BMJ (2011a) Heimgesetz (HeimG)

BMJ (2011b) Verordnung über personell Anforderungen für Heime (Heimpersonalverordnung – HeimPersV)

Böhme S et al. (2012) Demografie und Arbeitsmarkt in Bayern IAB-Regional Bayern, Institut für Arbeitsmarkt- und Berufsforschung, Nürnberg

BPB (2006) Wirtschaft heute. Schriftenreihe Band 499. Bundeszentrale für politische Bildung, Bonn

BPD (2012) Dossier Demografischer Wandel. http://www.bpb.de/politik/innenpolitik/demografischer-wandel/ Zugegriffen: 09. Juli 2015

Brenke K (2010) Fachkräftemangel kurzfristig noch nicht in Sicht. In: DIW Wochenbericht 46/2010, S. 2-15, Berlin

Butterwegge C (2012) Krise und Zukunft des Sozialstaates. 4. Aufl, VS Verlag für Sozialwissenschaften, Wiesbaden

Destatis, (2011) Datenreport. Ein Sozialbericht für die BRD. Band 1. Bundeszentrale für politische Bildung, Bonn

Dietz M et al. (2012) Unvollkommene Ausgleichprozesse am Arbeitsmarkt: Analysen zur Arbeitskräftenachfrage auf Basis des IAB-Betriebspanels und der IAB-Erhebung des Gesamtwirtschaftlichen Stellenangebots, IAB-Forschungsbericht 8/2012, Institut für Arbeitsmarkt- und Berufsforschung, Nürnberg

Festing M, Engle A D, Dowling P J, Sahakiants I (2012) Pay and Rewards. In: Brewster C, Mayrhofer W (Hrsg) Handbook of Research in Comparative Human Resource Management. Edward Elgar Publishing, Cheltenham, S 139–164

Fuchs J, Reimer K (2011) Möglichkeiten und Grenzen einer statistischen Engpassanalyse nach Berufen, Methodenbericht der Statistik der Bundesagentur für Arbeit, Nürnberg

Harten U (2012) Der demografische Wandel und seine Auswirkungen auf die Arbeitsmärkte in Niedersachsen und Bremen, IAB-Regional Niedersachen-Bremen 1/2012, Institut für Arbeitsmarkt- und Berufsforschung, Nürnberg

Hartmann M, Reimer K (2011) Möglichkeiten und Grenzen einer statistischen Engpassanalyse nach Berufen, Methodenbericht der Statistik der Bundesagentur für Arbeit, Nürnberg

Heath R G (2006) The Influence of Emotional Content in TV Advertising on Levels of Attention, Doctoral Thesis, University of Bath School of Management, Bath, UK

Hertwig M, Kirsch J (2013) Betriebsübergreifender Personaleinsatz: Arbeitgeberzusammenschlüsse und tarifvertraglich Arbeitnehmerüberlassung, WSI-Mitteilungen 2013, S 107–116

Hoffmann E, Nachtmann J (2008) Alter und Pflege, In: GeroStat Report 03/2007

IAB (2011) Strategien entwickeln, Potenziale nutzen – Fachkräftebedarf: Angebot an Arbeitskräfte wird knapper, in: IAB-Stellungnahmen 2/2011

Kistler E (2012) Führt der demografische Wandel zu einem Fach- oder gar Arbeitskräftemangel?, In: Bispinck et al. (Hrsg) Sozialpolitik und Sozialstaat, Festschrift für Gerhard Bäcker. VS Verlag für Sozialwissenschaften, Wiesbaden

MDS (2012) Qualität der ambulanten und stationären Pflege – 3. Bericht des MDS nach § 114a Abs. 6 SGB XI. Medizinischer Dienst des Spitzenverbandes Bund der Krankenkassen e.V., Essen

Micheel F (2005) Die demographische Entwicklung in Deutschland und ihre Implikationen für Wirtschaft und Soziale. In: Kerschbaumer J, Schroeder W (Hrsg) Sozialstaat und demographischer Wandel. Herausforderungen für Arbeitsmarkt und Sozialversicherung. VS Verlag für Sozialwissenschaften, Wiesbaden

Osthoff K, Langbein M, Hartmann T. (2011) Verbindung von Stabilität und Flexibilität: Arbeitgeberzusammenschlüsse als regionales Instrument zur Fachkräftesicherung in KMU, Working Papers: Economic Sociology Jena 5 (10), Jena

Pohl C (2011a) Demografischer Wandel und der Arbeitsmarkt für Pflege in Deutschland. In Pflege & Gesellschaft 16(1)

Pohl C (2011b) Der zukünftige Bedarf an Pflegearbeitskräften in Nordrhein-Westfalen. IAB-Regional Nordrhein-Westfalen 02/2011. Institut für Arbeitsmarkt- und Berufsforschung, Nürnberg

Pohl V et al. (2012) Der zukünftige Bedarf an Pflegearbeitskräften in Sachsen. IAB-Regional

Literaturverzeichnis

Sachsen 02/2012. Institut für Arbeitsmarkt- und Berufsforschung, Nürnberg
Schulz E (2008) Weniger Menschen, aber Arbeitskräfteangebot bleibt stabil. In: DIW Wochenbericht 40/2008
Schumacher L (2012) Gewinnung und Bindung leistungsstarker Mitarbeiter – Stand der Forschung und erfolgreiche Strategien der Praxis. In Bettig U, Frommelt M, Schmidt R (Hrsg) Fachkräftemangel in der Pflege: Konzepte, Strategien, Lösungen. medhochzwei, Heidelberg, S 331–344
Simon, Michael (2011) Beschäftige und Beschäftigungsstrukturen in Pflegeberufen: Eine Analyse der Entwicklung in den Jahren 1999-2009. Fachhochschule Hannover/Deutscher Pflegerat e.V., Hannover.
Statistisches Bundesamt (2009) Bevölkerung Deutschlands bis 2060 – 12. Koordinierte Bevölkerungsvorausberechnung, Wiesbaden
Statistisches Bundesamt (2010) Auswirkungen auf Krankenhausbehandlungen und Pflegebedürftige im Bund und in den Ländern, Demografischer Wandel in Deutschland, Heft 2, Wiesbaden
Statistisches Bundesamt (2011) Pflege im Rahmen der Pflegeversicherung, Pflegestatistik 2009, Deutschlandsergebnisse, Wiesbaden
Statistisches Bundesamt (2012a) Entwicklung der Anzahl von Pflegebedürftigen in Deutschland nach Geschlecht in den Jahren von 2005 bis 2030 (in Millionen) In: Statista – Das Statistik-Portal http://de.statista.com/statistik/daten/studie/157217/umfrage/prognose-zur-anzahl-der-pflegebeduerftigen-in-deutschland-bis-2030/. Zugegriffen: 09. Juli 2015
Statistisches Bundesamt (2012b) Bevölkerung Deutschlands (in 1.000) in den Altersgruppen mit erhöhtem Krankheits- und Pflegerisiko 2009 bis 2050. In: Statista – Das Statistik-Portal http://de.statista.com/statistik/daten/studie/167184/umfrage/bevoelkerung-in-altersgruppen-mit-erhoehtem-krankheitsrisiko/. Zugegriffen: 09. Juli 2015
Statistisches Bundesamt (2012c) Geburten in Deutschland. Wiesbaden
Suder K, Nelson K, Holleben K von; Raabe N (2011) Wettbewerbsfaktor Fachkräfte. Strategien für Deutschlands Unternehmen. Berlin.

GPSR Compliance
The European Union's (EU) General Product Safety Regulation (GPSR) is a set of rules that requires consumer products to be safe and our obligations to ensure this.

If you have any concerns about our products, you can contact us on

ProductSafety@springernature.com

In case Publisher is established outside the EU, the EU authorized representative is:

Springer Nature Customer Service Center GmbH
Europaplatz 3
69115 Heidelberg, Germany

www.ingramcontent.com/pod-product-compliance
Ingram Content Group UK Ltd.
Pitfield, Milton Keynes, MK11 3LW, UK
UKHW021904240426

12048UKWH00045B/649